KB027207

Assessment as Learning

Using Classroom Assessment to Maximize Student Learning (Second Edition)

학습 과정으로서의 평가

교실 평가로 학습 극대화하기

Lorna M. Earl 저 | 온정덕 · 윤지영 공역

Assessment as Learning:
Using Classroom Assessment to Maximize Student Learning, Second Edition
by Lorna M. Earl

역자 서문

여러분은 '평가'라는 말을 들으면 무엇이 떠오르는가? 그리고 어떠한 감정이 드는가? 아마도 많은 분이 다른 누군가가 나에 대해서 가치 판단을 하는 것 혹은 시험 점수에 따라 학점이나 등수를 부여하는 것을 떠올릴 것이다. 왜냐하면 우리는 평가를 어떤 자리에 배치하는 수단, 상벌을 주는 수단, 진학 여부를 결정하는 수단으로 주로 사용해 왔기 때문이다.

이제 생각의 방향을 조금 돌려서 '나는 언제 성장하는가?' '나는 어떻게 새로운 것을 배우는가?'라고 질문해 보자. 누군가는 성장이란 고통을 딛고 일어서는 것이라고 말하기도 하고, 시행착오의 과정을 거쳐야 성장과 발전이 있다고 말하기도 한다. 과연 시행착오와 고통 자체가 성장을 이끄는가, 아니면 그 시행착오와 고통의 경험으로부터 내가 얻어 낸 교훈이 성장을 이끄는가?

이 책의 저자는 평가에 대해 우리가 가지고 있는 고정관념에서 벗어나라고 말하면서 학습 과정으로서의 평가(assessment as learning)가 가진 힘에 주목하라고 한다. 제1장에서는 교실에서 이루어지는 평가의 여러 목적을 기술하면서 교실 평가가 학생의 학습을 최적화하고 교수·학습을 바꿀 수 있는 엄청난 힘을 가지고 있다고 말한다. 제2장에서는 평가를 역사적으로 개관하면서 평가의 의미와 기능이 어떻게 바뀌고 있는

지를 설명한다. 그리고 오늘날 사회가 교육에 요구하는 바를 실질적으로 구현하기 위해서 교실에서 이루어지는 평가에 주목해야 한다고 말한다. 제3장에서는 학교에서 이루어지는 평가를 학습 결과에 대한 평가(assessment of learning), 학습을 위한 평가(assessment for learning), 학습 과정으로서의 평가(assessment as learning)의 관점에서 바라보고, 우리는 주로 어떠한 평가를 하고 있는지 성찰해 보게 한다.

제4장에서 학습이란 무엇인지, 인간은 어떻게 학습하는지에 대해 고찰한 후, 제5장에서는 학교 교육의 목적이 학생의 학습에 있다면 평가는 학습의 과정에서 어떠한 역할을 하는지 학습과 평가의 관계를 자세하게 설명한다. 평가를 학습의 통합된 부분으로 보면서 제6장에서는 학생의 오개념을 파악하는 평가의 역할을 보여 주고, 제7장에서는 학생들의 학습 동기를 불러일으키는 평가의 역할을 보여 준다. 그리고 제8장과 제9장에서는 평가를 통해 어떻게 학습을 개선하고 확장할 수 있는가를, 제10장에서는 학습에서 성찰과 자기 평가(self-assessment)의 중요성을 다룬다. 마지막으로, 제11장에서는 교사가 평가를 학습의 과정으로 보는 관점을 구현하기 위해서 무엇이 필요한지 제시한다.

최근의 교육 동향인 학생의 역량을 길러 주는 교육은 단지 겉으로 드러나는 교수·학습 방법과 평가 방법상의 변화가 아니다. 2015 개정 교육과정 총론에는 학습의 과정을 중시하는 평가를 강화하고 수행평가와 서술형, 논술형 평가의 비중을 늘린다는 중점 사항이 제시되어 있다. 이에 많은 시·도교육청에서 '과정 평가' 혹은 '과정 중심 평가'라는 용어를 사용하면서 이를 주요 정책 의제로 삼고 현장 교사들에게 이전과 다른 평가 방법을 사용할 것을 요청한다. 하지만 학습자가 어떻게 학습하는가에 대한 근본적인 논의를 바탕으로 평가에 접근하지 않으면, 학습의 과정을 중시하는 평가는 형성평가 기법이나 수업 과정에서 평가를 여러 차례 실시하고 기록하는 것으로 오인될 수 있다.

이 책을 통해 여러분이 과정 평가를 수단이 아닌 학습의 과정으로 바라보고, 학생은 어떻게 학습하는지, 그리고 학생이 학습을 주도한다는 것이 무엇을 의미하는지에 대해서 생각해 보는 계기를 맞이하기를 바란다. 끝으로 출판에 애써 주신 학지사 관계자분들께 진심으로 감사의 말씀을 드린다.

2022년 6월

역자 일동

저자 서문

이 책의 초판을 쓰는 것은 내게 대단한 학습의 경험이었다. 나는 교실 평가의 잠재력을 계속 고찰하고 연구하면서, 내 생각을 명료화하고, 내가 생각한 가정이 맞는지 의문을 가져 보고, 나의 아이디어가 적절한지 동료와 멘토, 나의 제자와 제자의 학생들에게 건설적인 비판을 요청했다. 감사한 분들이 많다.

먼저, 내 생각에 도전하고 교실 평가를 나의 열정으로 삼도록 독려해 준 전 세계의 모든 교사, 학생 그리고 동료에게 감사하다. 나는 여러분에게서 교실 평가가 무엇인지, 그리고 교실 평가를 하는 것이 얼마나 어려운지에 대한 생생한 예시를 얻었다. 내가 이 분야에서 계속 활동하고 연구하는 이유는 이 분야가 중요할 뿐만 아니라 여러분이 여기에 관심이 있기 때문이다. 교실 평가가 지닌 힘을 연구하고 설명하는 연구자들에게도 감사하다. 여러분은 교육자들에게 학교가 존재하는 이유를 알도록 계속 노력해야 한다는 증거를 주었다.

나는 정기적으로 만나는 여러 모임인 학교 효과성 및 학교 개선 국제 회의(The International Congress of School Effectiveness and School Improvement: ICSEI)와 초청 국제 평가 그룹(Invitational International Assessment Group)의 다국적 동료들에게서 일상적으로 배운다. 이 학자

들, 정책 입안자들, 실무자들은 내가 진정으로 중요한 것이 무엇인지 깨닫도록 돕고, 내가 있는 곳의 최전선에 있는 정치적이거나 사회적인 문제들이 반드시 지배적인 것은 아니며 변화하고 있음을 상기시켜 준다. 그들은 현재 상황이 아닌, 내가 소중히 여기는 원칙과 증거에 근거하여 글을 쓰고 논증하라고 독려한다.

마지막으로, 나의 열정을 공유하기도 하고 왜 이런 연구를 하는지 어리둥절해하기도 하는 나의 가족과 친구들에게 말하고 싶은 것은 여러분이 나의 정신적 지주이자 중심이라는 것이다. 모두 사랑한다.

차례

제5장 평가와 학습 / 79

제6장 평가를 사용하여 학생들이 진실이라고 믿는 것을 파악하기 / 91

제7장 평가를 사용하여 학습 동기 부여하기 / 113

ASSESSMENT

제1장

교실 평가에 대한 전망과 도전

AS LEARNING

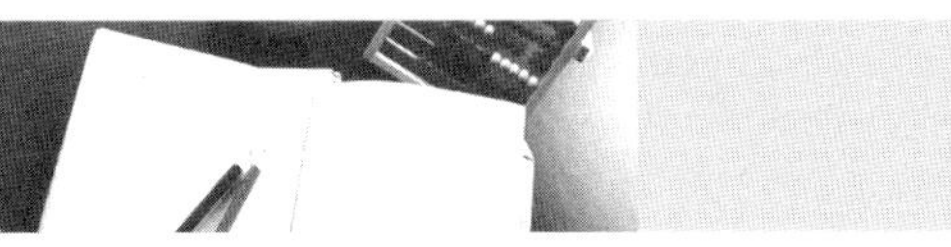

내가 이 책의 첫 판을 출간하기까지, 거의 30년 동안 캐나다 온타리오 주 학교와 학교구의 교사 및 행정가들과 동료로서, 연구자로서, 비판적인 친구로서 작업해 왔다. 이런 일들을 하면서 나는 교실, 교직원실, 채점 회의와 학생들이 주도하는 콘퍼런스, 전문성 개발 회의, 교사 논의 그룹에 참여하게 되었다. 그때부터 지금까지 여러 국가의 학교와 교실에서 시간을 보내는 좋은 기회를 갖게 되었다. 또한 토론토 대학교의 온타리오 교육 기관에서 연구했을 뿐 아니라 뉴질랜드, 영국, 온타리오 정부와도 작업했다. 모든 곳에서 나는 교실 평가의 방식과 도구를 배우는 학생이 되어 그것이 교수・학습에서 어떻게 작동하는지, 교수・학습에서 차지하는 위치와 가치는 무엇인지를 이해하고자 했다. 이 모든 각각의 경험은 교실 평가가 잘만 이루어진다면 모든 학생이 높은 수준의 학습을 성취하는 데 매우 강력한 도구가 된다는 나의 신념을 강화해 주었다. 하지만 동시에 평가를 제대로 하는 것이 얼마나 중요한지, 그리고 그것이 얼마나 어려운지도 새삼 느끼게 되었다.

교육계가 달라졌다

2003년 초판을 낸 이후 많은 일이 있었고, 이로 인해 모든 곳에 있는 교육자가 '모든 학생을 위한 학습'이라는 최고의 교육 목표에 교실 평가가 주는 영향을 이해하는 것이 더 중요해졌다.

평가에서만 변화가 일어난 것은 아니다. 지난 몇십 년간 있었던 교육 개혁은 대부분의 교사와 학교에 있어서 롤러코스터를 타는 것 같았다. 학교는 사회에서 더 광범위하게 일어나고 있는 변화를 반영하고 있다. 학교가 따라잡거나 심지어 선도하기를 기대하는 (경제적, 문화적, 정치적) 변화는 끝이 없어 보인다. 교육은 대부분 정부 개혁 의제의 중심에 있고, 그 개혁은 교육과정, 기준, 책무, 우수성, 형평성 및 기타 많은 경쟁 분야에 초점이 맞추어져 있다. 특히 성취 기준을 바탕으로 한 개혁은 전 세계적으로 진행되어 왔다.

교사와 행정가들은 종종 상충하고 상쇄되는 듯 보이는 요구의 사이에서 균형을 유지하고자 애쓴다. 사람들은 교사와 행정가에게 학교를 어떻게 조직해야 하는지, 누가 학교를 운영해야 하는지, 무엇을 가르쳐야 하는지, 어떻게 가르칠 것인지, 평가가 어떻게 이루어져야 하는지에 대한 불안과 불확실성 속에서 길을 찾아 나갈 것을 기대한다. 동시에 인간의 학습과 효과적인 학교에 대한 최근의 연구 내용에 정통함으로써 전문적 영향력을 계속 발휘할 것으로 기대한다. 이러한 기대는 부담스러워 보이지만, 그 가능성에 주목하지 않을 수 없다.

이 모든 변화 속에서 평가는 복잡해졌는데, 이는 평가 형태가 많고, 평가가 의도하는 수많은 목적이 있기 때문이다. 이 책에서 나는 모든 교실에서 매일 일어나는 교실 평가에 초점을 맞춘다. 물론 교육에는 다른 종류의 평가도 있고 그중 일부는 내가 제2장에서 다룰 것이다. 하지만 이 책의 초점은 교사와 학생들이 무엇을 하는지, 무엇을 할 수 있는지, 그들이 평가에 대해 어떻게 생각하는지, 일상적인 교실 평가가 학습의 필수적인 부분이 되는 것에 대해 어떻게 생각하는지에 있다.

'교실 평가'란 어떤 단 하나의 활동을 지칭하지는 않는다. 교실 평가는 여러 목적, 형식, 대상들을 포함한다. 평가에 대한 윌슨(Wilson, 1996)의 관점은 정확하다. 그는 교실 평가가 여러 목적을 충족시켜야 한다고 주장하는데, 그러한 목적에는 학생들에게 피드백 제공, 교사가 사용할 진단 정보 제공, 기록 관리를 위한 요약 정보 제공, 성적 보고서에 대한 증거 제시, 교육과정과 수업 조정을 위한 방향 제시 등이 있다. 이와 같은 다양한 목적은 나란히 함께 존재하며, 평가의 과정에 내재된 일부 갈등으로 인해 어쩔 수 없는 모순을 만들어 내기도 한다. 교사와 행정가들이 직면한 과제는 이러한 갈등에 내재된 문제들을 어떻게 풀어내고, 평가 과정의 복잡성을 존중하면서도 이치에 맞는 방식으로 평가 과정을 어떻게 계획할 것인가이다.

교실 평가의 힘

왜 교실 평가에 초점을 맞추어야 하는가? 간단하게 말하자면, 교수·학습을 바꿀 수 있는 엄청난 잠재력을 가지고 있기 때문이다. 다시 말하지만, 여러 연구에서 밝혔듯이 만약 학습이 목표라면 학습을 위한 평가는 매우 강력하다.

> 최근 4,000여 건의 연구조사에 대한 리뷰를 보면 [형성평가를] 교실에서 제대로 시행하면 학생 학습 속도를 본질적으로 두 배 높일 수 있다. …… 확실히 이 과정은 효과가 있고, 학생의 성취도를 크게 높일 수 있으며, 여러 교사가 다양한 방식으로 사용해도 학생들이 큰 성과를 얻을 수 있을 정도로 견고하다. (Popham, 2011, p. 2)

이러한 연구 결과를 보면 형성평가가 매우 강력하다는 것은 확실하다. 하지만 연구자들은 이러한 종류의 평가가 대부분의 교실에서 분명하지 않거나 단지 피상적으로 이루어지고 있음을 계속 지적한다(James & Pedder, 2006; Popham, 2011). 이번 판에서 나는 세심하게 계획된 평가 과제와 평가 방법이 학생의 학습에 주는 가치를 강조하고, 이런 평가를 교실 실천에 포함하는 것이 왜 그렇게 어려운지 분석하고자 노력했다.

두 번째 판은 어떻게 나오게 되었는가

이 책은 교실 평가에 관한 것이다. 이 책에 있는 아이디어는 나의 생각과 관찰, 학생 및 교사들과의 대화, 급증하는 연구물의 검토, 같은 문제로 어려움을 겪고 있는 전 세계 사람들과의 논의로부터 나왔다. 결과적으로, 이 책은 내가 받아들이게 된 학습 과정에서 가르침과 평가의 역할, 그리고 교육의 본질 및 목적에 대한 믿음과 가정을 전제로 한다. 가장 주요하고 놀라운 가정은 평가가 마지막에 하는 학습에 대한 점검보다 훨씬 더 많을 수 있고 그 이상이어야 한다는 것이다. 평가는 학습 과정의 필수적인 부분인데, 우리는 이것을 너무 자주 무시했다. 역사적으로, 교육 평가는 주로 **학습 결과에 대한 평가**(assessment of learning)였고, 학생들이 한 일을 인증하거나 판단하기 위해 고안되었다. 가끔은 학생들이 스스로 학습을 복습하고 앞으로 나아갈 수 있도록 단서를 제공하는 피드백 루프(feedback loops)가 있는 **학습을 위한 평가**(assessment for learning)도 있었다. 하지만 **학습 과정으로서의 평가**(assessment as learning)는 이보다 심오하다. 평가는 학습 과정에 내재된 아이디어를 모니터하고 의문을 제기하는 개인의 역할, 이러한 자기 조절(self-regulation)의 과정을 촉진하는 학생과 교사 모두의 역할에 초점을 맞춘다. 내가 2003년에 출간된 초판을 썼을 때 **학습 과정으로서의 평가**라는 개념을 다음과 같이 소개했다.

> 학습 과정으로서의 평가는 형성평가의 역할을 강화한 것으로,
> 학생의 역할을 평가와 학습 과정에의 기여자뿐만 아니라 그 둘을

> 비판적으로 연결하는 연결자로서 강조한다. 학생이 연결고리이다. 학생들은 능동적이고 참여적이며 비판적인 평가자로서 정보를 이해하고, 그것을 선지식과 연관시키고, 관련된 기술을 숙달할 수 있다. 이것은 메타인지의 조절 과정이다. 이 과정에서 학생은 자신이 배우고 있는 것을 직접 모니터링하고 이 모니터링에서 얻은 피드백을 이용하여 조정, 적응하며, 심지어 이해한 내용을 바꾸기도 한다. 학습 과정으로서의 평가의 궁극적인 목표는 학생들 스스로 최고의 평가자가 되는 것이다. (Earl, 2003, p. 47)

그러나 나는 고민에 빠졌다. 나는 다른 연구자들도 겪는 동일한 현상, 즉 사람들이 이 아이디어를 이해하지 못하고 있는 것 같다는 경험을 했다. 이 책이 교사 양성 기관에서 교과서로 사용되고 있을 때도, 형성평가는 학생들의 오개념과 잘못된 이해를 파악하거나 학생들이 그들의 학습에 대해 생각하도록 사용되기보다는, 단지 수업 전반에 걸쳐 학생의 진행 상황을 파악하는 일상적인 평가나 퇴장 카드나 신호등(stoplights) 등의 기법을 쓰는 것으로 해석되었다. 학습을 위한 평가를 지지하는 교사들은 동료 평가와 자기 평가(self-assessment) 등 학습을 위한 평가와 관련된 많은 기법을 사용했지만, 이러한 기법은 대체로 최종 총괄(summative) 평가를 위한 연습인 작은 시험으로 혹은 교실을 관리하기 위한 도구로 사용되었다. 나는 초등학교와 중등학교, 세계 여러 곳에서 이런 패턴을 반복적으로 보아 왔다.

『학습 과정으로서의 평가(Assessment As Learning)』의 이번 판은 학습의 최적화를 위해 평가가 가진 잠재력을 발휘할 수 있어야 한다는 나의 고민에서 나온 것이다. 평가와 관련하여 갈등을 느끼고 고군분투하는 교사와 학교 지도자들을 돕고자 하는 나의 목적은 변함이 없다. 학교와 교실의 일상적인 업무에서 교실 평가가 하는 역할에 대한 대안적 관점과 신념을 교사들이 학생의 학습을 향상시키기 위해 어떻게 평가를 수행하

는지 보여 주는 실제 사례와 함께 제공하고자 한다. 평가에 대해 사람들이 떠올리는 많은 이미지는 변하지 않았다. 나는 설명을 통해 그 과정을 좀 더 명확하게 하고, 평가가 학습을 위한 강력한 촉매제가 될 수 있도록 해결해야 할 문제들을 파악하고자 노력했다.

학습 과정으로서의 평가는 피상적인 변화가 아니다. 가르치는 것에 대한, 평가에 대한, 그리고 이 둘의 관계에 대한 우리의 생각을 근본적으로 전환하게 한다. 이 책에 실린 아이디어들이 화두가 되어, 평가가 학습에서 할 수 있는 역할에 대해 더 깊이 이해하고, 학생 학습을 최적화하기 위해 평가를 활용한다는 도전적인 과제를 수행하기 위해 교사가 알고 해야 할 것들을 더 깊이 이해할 수 있게 되기를 바란다.

교실 평가가 학습에 도움이 되도록 해야 한다는 말의 의미와 그 실천을 위한 과제를 탐색하기 위해서는 현재 실천하고 있는 것을 손보는 것 이상의 일이 필요하다. 이는 교사와 행정가들에게 '학교는 무엇을 위한 것인가?' '학교는 누구를 위해 봉사하는가?' '우리가 원하는 학교를 만들기 위한 우리의 전문적인 역할은 무엇인가?'와 같은 고결한 질문을 통해 학교 교육에 대한 신념을 다시 생각해 보게 하는 것을 의미한다.

호주의 연구자인 헤들리 비어(Hedley Beare, 2001)는 교육과 사회 전반의 미래를 다음과 같이 범주화했다.

- **가능한 미래**(possible futures): 일어날 수 있는 일들이지만 그중 많은 것은 일어나지 않을 수 있음
- **있을 법한 미래**(probable futures): 사건의 전환을 위해 어떤 조치를 하지 않는 한 일어날 수 있는 일
- **선호하는 미래**(preferred futures): 일어나기를 바라는 것들 혹은 일어날 수 있도록 계획하는 것들

그는 청소년, 교사, 학교, 사회를 위해 우리가 선호하는 미래를 만들

가능성을 최대화하도록 의도적으로 행동하는 것이 가능하다고 말하며, 세계 도처에 있는 교육자들에게 도전장을 내밀었다. 우리는 각자 시간을 들여 교육이 무엇을 위한 것인지, 교육이 어떠한 역할을 할 것인지 결정할 필요가 있다. 누군가 우리에게 말해서 혹은 그렇게 해야 한다는 규칙이 있어서가 아니라 우리가 옳고 정당하다고 믿는 것에 비추어 결정해야 할 것이다. 일단 우리가 선호하는 미래에 대한 이미지를 가지게 되면, 그곳에 도달하는 것은 가능하다. 이는 어려울지도 모른다. 우리는 변화해야 하고, 배우고, 불협화음 속에서 살아야 하고 우리의 신념을 확고히 지켜야 할지도 모른다. 하지만 가능하다.

내가 선호하는 미래는, 빠르고 예측할 수 없는 세상에서 젊은이들이 광범한 분야에서 역량과 자신감을 갖추고, 새로운 지식에 적응할 수 있는 도구를 갖추고, 현명하고 예의 바르게 사는 태도를 갖춘 세상이다. 나는 평가가 이러한 미래에 어떻게 부합하는지에 대한 이미지도 갖고 있다. 나는 수년 전 교실 평가에 대한 초기 저서(Earl & Cousins, 1995)에서 다음과 같이 기술했다.

> 나는 머지않은 미래에 사람들이 평가를 부정적이고 두려운 것으로 보지 않는 날을 상상한다. 평가가 교수 · 학습과 분리되지 않는, 중요한 학습에 접근하는 것을 방해하거나 처벌하는 것으로 사용되지 않는, 사적인 신비로운 의식으로 보지 않는 날을 상상한다. 대신, 평가와 교수 · 학습은 상호적이며, 평가와 교수 · 학습이 각각 모두를 향상하게 하는 방식으로 기여할 것이다. 평가는 학생들이 알고 이해하는 것을 보여 줄 뿐만 아니라, 어떻게 새로운 배움이 일어났는지를 포착하고, 각 학생의 사고 깊이, 폭, 성장을 보여 주는 다양한 범위의 질적으로 우수한 작업이 될 것이다. 이 풍부한 정보는 다시 추후 학습과 보다 초점이 맞추어진 수업을 촉진할 것이다. (p. 57)

내가 선호하는 미래는 변함없다. 나는 여전히 낙관적이지만 처음 상상했던 것보다 선호하는 미래로 가는 것이 훨씬 더 어렵다는 것을 알고 있다. 이 책의 나머지 부분에서는 이러한 미래의 실현 가능성을 설명하기 위해 아이디어, 제안, 이미지를 제공하고자 한다.

이 책은 11개의 장으로 이루어져 있다. 이 장에서는 학습과 평가에 대한 새로운 관점, 즉 학습과 평가를 동일한 과정의 부분으로 연결해서 생각해야 한다는 것으로 막을 열었다. 제2장은 평가의 역사를 개관하고 대규모 개혁 의제와 교사의 교실 평가가 이루어지는 방식 간의 관계에 대해 다룬다. 제3장에서는 학습 결과에 대한 평가, 학습을 위한 평가, 학습 과정으로서의 평가를 생각해 볼 것을 제안하며, 현재 학교에서 이루어지는 세 종류의 평가 간 균형이 바뀌어야 함을 논리적으로 설명한다. 제4장은 학교의 주요 목적인 학습에 대해서, 제5장은 학습과 평가의 관계에 대해서 자세하게 설명한다.

후속하는 다섯 장에서는 학습에 대해 우리가 알고 있는 내용을 다시 살펴보고, 평가가 더 깊고 더 나은 학습에 어떻게 기여하는지를 숙고한다. 제6장은 학생들이 진실이라고 믿는 것을 파악하기 위해서 평가를 사용하는 것에 대해 다룬다. 제7장에서는 학습 동기와 학생들의 동기를 불러일으키는 평가의 역할에 초점을 맞춘다. 제8장과 제9장에서는 핵심적인 부분, 즉 평가를 통해 어떻게 학습을 개선하고 확장할 수 있는가를 다룬다. 제10장은 학습에서 성찰과 자기 평가(self-assessment)의 중요한 역할을 다룬다.

마지막으로, 제11장에서는 평가를 학습의 과정으로 보는 관점이 교사들에게 구체적으로 무엇을 요구하는지를 제시한다. 그리고 학생의 학습을 극대화하는 평가를 위해서 교사들이 무엇을 생각해야 하는지에 대한 그림을 제시한다.

학습 과정으로서의 평가를 뒷받침하는 신념과 가정은 표현은 간단하나, 적용은 매우 어렵다. 책 전반에 걸쳐서 나의 가정과 관점은 점차 더 명

확해질 것이다. 나는 이러한 가정들을 글상자로 처리하여 강조했다. 또한 우리 모두에게 도움이 되는 학교 교육으로 나아가기 위한 길을 선택하는 데 필요한 이론적 근거와 지원을 제공하고자 했다. 이에 나는 교사들이 느끼는 딜레마를 조명하고, 이러한 긴장 이면의 복잡성에 대해 통찰을 제공하고자 했으며, 교실에서 해 볼 만한 것들을 제안했다.

가정

21세기에 모든 사람은 배워야 한다. 학교 교육의 주요 목적은 모든 학생의 학습을 최적화하는 데 있다.

나는 여러분도 이 책을 읽으면서 개인적으로 가지고 있는 가정을 숙고해 보고, 그러한 신념이 교사로서 일을 하는 방식에 어떻게 기여하는지 생각해 보기를 바란다. 이 책에는 나의 경험과 나와 함께 일하는 동료, 예비 교사, 대학원생의 경험에서 나온 사례들이 포함되어 있다. 이는 각각의 사례로 확인할 수 있다. 나는 이 사례들이 학생들에게 의미 있는 평가를 하는 데 있어서 도전과 가능성을 보여 주는 흥미로운 이미지라고 생각한다. 여러분도 그렇게 하기를 바란다. 다음이 그 첫 번째 사례이다.

수학의 학습과 평가를 이해하는 사례

나는 여러 해 동안 평가에 대해 더 공부하고 싶어서 나에게 온 훌륭한 중등 수학 교사와 작업하는 기쁨을 누렸다. 함께하는 시간 동안, 그녀는 나에게 평생의 개인적 경험을 바탕으로 깊이 간직하고 있는 신념을 바꾸는 것의 어려움에 대한 통찰을 주었다. 어느 순간, 그녀는 자신의 입장에서 새롭게 이해한 상태로 나에게 왔다. “저는 미적분학을 가르칠 줄 알아요. 다만, 학생들이 이해하지 못할 때 제가 어떻게 해야 할지 모를 뿐이에요.”라고 말했다. 학교에 다닌 후, 그녀는 수학이 주었던 지적

도전을 즐기면서 항상 성공적이었고 큰 깨달음을 얻었다. 하지만 그녀의 경험은 학생들의 경험과 같지 않았고, 자신에게는 분명했던 미적분이 학생들에게는 그렇지 않을 때 그들이 무엇을 겪고 있는지 알지 못했다. 학습을 도와준다는 것은 어떤 개념, 오개념, 기능, '미적분을 이해하는 데' 필요한 관계들을 파악하는 것을 의미했기에, 그녀는 학생의 학습을 풀어내는 것(unpack)을 도와주고자 했다.

그녀는 대학원에서 교실 평가에 대한 여러 수업을 수강했고, 워크숍과 학회에 참석했으며, 이 책의 초판을 읽었다. 그리고 또 다른 깨달음을 얻었다. "저는 평가를 학습에 연결하고, 학생에게 피드백을 주고, 학생들이 그들의 생각을 이야기하도록 격려하라는 이야기를 많은 사람에게 들어 왔어요. 하지만 그거 아세요? 저는 그 말을 이해하지 못했어요. 계속 혼잣말로 '난 그렇게 하고 있어.'라고 말했지요. 그러나 저도 그렇게 하지만, 이유가 달랐어요. 결국 저는 여전히 학생들의 점수를 어떻게 매길까에 대한 정보에 집중하고 있었어요. 그들의 학습은 제게 부차적인 것이었지요."

종합해 보면, 이와 같은 극적인 깨달음은 그녀의 실천을 변화시켰고, 그녀가 가르치는 과목에 대한 지식까지 바꾸었다. 그리고 이러한 변화를 만드는 것이 얼마나 도전적이며 미묘한 것인지도 보여 준다. 개념은 바꾸지 않고 용어만 바꾸는 것, 시작도 하지 않았는데 일을 마쳤다고 생각하는 것은 매우 쉽고 흔한 일이다.

이 책을 사용할 때

이 책에서는 교실에서 이루어지는 평가 전략을 실행하기 위한 세부 지침을 제공하지는 않았다. 대신, 나는 다음과 같은 사항을 제공하려고 노력했다.

- 변화하는 학교 교육의 역할과 점차 증가하는 학습의 본질에 대한 지식으로 인해 교실 평가가 훨씬 더 복잡해지고 있음을 상세화함으로써 교실 평가를 둘러싼 혼란과 불편의 이유에 대한 이해
- 교실 평가가 학생들의 학습에 미칠 수 있는 강력한 영향에 대한 통찰
- 학습 과정으로서의 평가를 다양한 상황에서 효과적으로 사용한 교사들의 실제 활용 사례들

이 책은 교사와 학교 지도자가 평가를 학습의 한 부분으로 받아들이는 것이 무엇을 의미하는가에 대해 논의할 때 초점을 제공하고 어떻게 자신들의 실천을 바꿀 수 있을지를 결정할 때 자극제가 될 것이다. 하지만 관행을 바꾸는 것만으로는 충분하지 않다. 논의와 성찰에서 중요한 요소는 실천뿐 아니라 우리가 학교 교육에 대해서 가지고 있는 신념, 즉 학교 교육의 역할과 학교에서 교사의 역할에 대한 믿음이다. 왜 그런가? 왜냐하면 **학습 과정으로서의 평가**는 학교에서 중요한 것이 무엇인가에 대한 우리의 사고를 전환하는 것이기 때문이다. 학생들을 나누고 범주화하는 것에서 벗어나 학생들을 위한 학습에 초점을 맞추는 것, 그리고 학교가 왜 존재하는가, 학생이 어떻게 사고하고 학습하는가에 대한 정보를 교사들이 왜 수집해야 하는가에 대해 우리가 오랫동안 유지한 믿음에 도전한다. 이러한 논의 없이 일상적으로 하던 일을 바꾸는 것은 별로 영향력이 없다.

더 생각해 보기

각 장의 마지막에, 교육자들이 『학습 과정으로서의 평가』를 읽고 이에 대해 생각할 때 대화와 공유의 출발점이 될 수 있는 몇 가지 아이디어를 제시했다. 그 첫 번째는 다음과 같다.

1. 현재 여러분이 하고 있는 교실 평가에 대해서 어느 정도로 만족하고 있는가? (교실 평가와 관련해서) 지금 하고 있는 일에 대해서 어떤 질문이 있는가?
2. 교육과 평가를 위해 여러분이 선호하는 미래는 무엇인가? 현재 상황을 감안할 때 예상되는 미래는 무엇인가?

ASSESSMENT

평가의 변화 동향

AS LEARNING

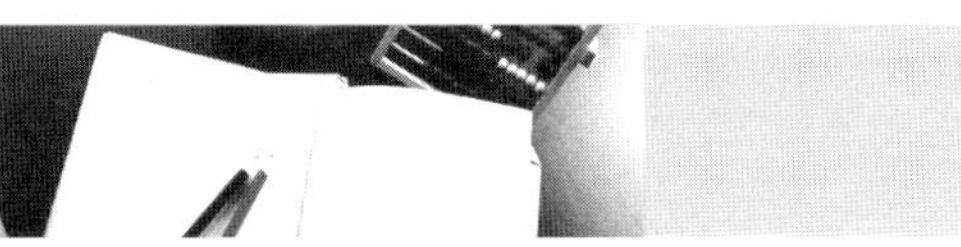

다른 사회 기관들과 함께 교육도 전 세계적으로 교육 개혁 의제에 대한 경쟁적인 관점 속에서 주요한 변화의 시기에 놓여 있다. 평가가 어떻게 변화하고 있는지 이해하는 한 가지 방법은 그것을 시대의 사회적, 경제적, 정치적 맥락에 놓고 교육의 다른 변화와 관련지어 생각해 보는 것이다. 이 장은 평가의 역사에 대한 개관, 시간의 흐름에 따라 평가가 더 큰 교육 개혁 의제와 어떻게 연결되어 왔는지 설명하고, 평가에 관해 선호하는 미래를 간단히 살펴보는 것으로 구성된다.

평가의 역사 개관

학습에 대한 공식적 · 비공식적 평가는 초기 중국에서 공직에 들어가기 위한 시험부터 아리스토텔레스의 제자들의 공개 발표 그리고 공예 길드에 입학하기 위한 실용 시험에 이르기까지 수 세기 동안 존재해 왔다. 하지만 지난 세기 말 산업화와 보편교육이 이루어진 후에 학교 교육이 중요한 사회 기관이 되면서, 우리 모두 알고 있듯이 학생의 성취에 대한 평가가 학교 교육의 중요한 차원(dimension)이 되었다. 수 세기 동안 특정 공동체에 속한 젊은이들은 전통적인 직업을 배웠고, 학교 교육은 사치였다. 산업혁명으로 인해 사람들은 시골 공동체에서 도시 사회로 이주했고, 많은 나라와 문화에서 이민이 이루어졌다. 이것은 더 큰 조직으로 이어졌고, 다른 사회 구조와 경제적 기반을 가진 도시 중심부의 많은 젊은이를 흡수하고 교육할 필요가 있었다. 보편교육의 개념은 읽기, 쓰기, 산수의 기본 기능을 쌓기 위해 만들어졌다.

20세기 대부분에 걸쳐서 그리고 지금까지도 공장이 경제를 지배했고, 공장 모델을 중심으로 조직된 학교는 주위의 세계와 매우 일치했다. 유치원 크기의 원재료 단위(학생)는 '공장'의 첫 번째 작업대에 놓인 후 차례대로 조립 라인에 있는 '스테이션(학년)'으로 이동한다. 이들은 각각의 스테이션에서 조립되는 시간을 (학년 동안) 보낸다. 만약 할당된 시간이 다 되었는데도 '완성'되지 못한다면, 이들은 '능력별 편성반(streams or tracks)'으로 분류되어 건물에 있는 다른 곳으로 이동한다. 학교에 대한 이 비유는 대체로 시대에 적합했다. 이러한 방식은 대부분의 사람에게 효과가 있었기에 사람들은 만족했다. 많은 학생이 어린 나이에 취업을 위해 학교를 떠났지만, 이것은 문제로 여겨지지 않았고 떠난 학생들은 '중퇴생'이라고 불리지 않았다. 공장, 광산, 농업, 어업 등 많은 교육을 받지 않아도 되는, 대다수의 젊은이가 갈 수 있는 합법적인 곳이 있었다. 평가는 교실 시험과 기말고사의 형태로, 학생들이 다음 단계의 교육으로 이동하기 위해 통과해야 하는 관문이었다. 교육은 기초 기능 이상만 할 수 있다면 일부에게만 필요한 드문 자원이었다.

학교가 경제적 요구를 충족시키기 위한 조직이 되어야 한다는 데 모든 사람이 동의한 것은 아니다. 1916년 초에 듀이(Dewey)는 모든 학생을 위한 교육의 필요성과 사회가 민주적, 사회적, 도덕적 방식으로 계속 성장할 수 있도록 하는 교육의 필요성을 강하게 주장했다. 그러나 학교 교육의 주요 모델은 노동의 산업 모델을 모방했고, 교사는 학생 중 누가 더 높은 수준의 학교 교육을 계속 받을지 결정하는 품질 관리 요원이었다.

세기 중반에 중산층의 성장과 형평성이라는 의제는 사회 질서를 유동적으로 만들었고, 이후 많은 집단이 사회의 형평성을 요구하기 시작했다. 교육은 사회적 이동을 위한 열쇠가 되었고, 이후 학교 교육에 대한 접근은 사회적 지위가 아닌 성과에 따라 결정되어야 한다는 상당한 압력이 있었다. 주류 사회가 가진 기대를 충족시키면서도 공정하게 받아들여질 수 있는 학생을 선별하는 과정으로 시험(tests and exams)이 활용되면서, 성취도 평가는 특권 수여의 근거가 되었다. 이러한 종류의 분류가 학교 교육의 중요한 목적이 되었다(Stiggins, 2001).

교사가 시험 과정에 참여함에도, 채점은 교사의 주관적 판단에 편향되지 않는 메커니즘이어야 한다는 압력이 상당했다. 또한 일반적으로 사회과학에 대해, 특히 지능검사에 대한 대단한 낙관론이 있었다(Lemann, 1999). 알파지능검사(Army Alpha)가 제1차 세계대전에서 군 장교 후보자를 뽑는 데 사용되어 엄청난 성공을 거둔 것을 바탕으로(Popham, 2002), 이와 같은 방식으로 전 범위에 걸쳐 지능검사가 개발되었다. 이 시기의 학교는 효율적인 메커니즘으로 학생들을 식별하고 분류하여 적절한 자리에 배치했으며, 이는 학생들이 향후 다양한 노력에서 성공할 가능성이 있다는 예측에 바탕을 둔 것이었다.

많은 나라에서 평가의 초점은 학생의 성취도를 측정하기 위한 과학적 · 객관적으로 보이는 메커니즘으로 이동했다. 일부에서는 시험이 차등적인 중등교육과 대학 입시의 결정 요소가 되기도 했다. 영국에서는 11개 이상의 시험을 통해 11세 때 청소년의 평생 사회적 운명이 결정되었다. 시험을 잘 보면 문법학교에 진학했고, 그렇지 않으면 지역의 종합학교에 머물렀다. 영국의 대학 입학 방식은 '유력한 연줄'에서 A레벨 시험에서의 우수한 성적으로 바뀌었다. 캐나다에서는 지역에서 보는 졸업 시험이 대학 입학을 결정했다. 프랑스의 바칼로레아도 동일했다. 미국에서 SAT도 이와 같은 이유로 개발되었다. 니콜라스 레만(Nicholas Lemann, 1999)은 교육평가원(Educational Testing Service: ETS)의 초대 회장인 헨리 챈시(Henry Chauncey)가 세운 계획에 대해 다음과 같이 설명한다.

> 그는 기존의 비민주적인 미국 엘리트들을 물러나게 하고, 이들 대신에 모든 분야와 모든 배경에서 끌어온, 똑똑하고 정교하게 훈련된, 공공심을 지닌 사람들로 대체할 계획을 가지고 있었다. (p. 5)

이와 같은 전환을 위한 메커니즘은 모든 사람에게 일련의 다지선다형 시험을 치르게 하고, 점수에 기초하여 사회에서 각 개인의 역할이 무엇이어야 하는지를 결정하는 것이었다. SAT가 탄생했다. 이러한 외부 시험이나 검사는 '문지기(gatekeeper)'들이 힘을 행사하여 이것이 최소한 객관적인 평가라는 환상을 심어 주는 수단이었다. 고등교육으로의 진학에 대한 중요한 결정은, 소위 과학적으로 개발된 도구를 사용하여 학교와 교실 밖에서 이루어졌다.

그렇다고 해서 교실 평가가 사라진 것은 아니다. 교실 평가는 외부의 시험이나 검사와 함께 계속 이루어졌다. 하지만 시험으로 인한 통제가 자신의 학생들이 고등교육에 접근하기를 간절히 바라는 이들을 제어했다. 학교에서 이루어지는 평가는 빠르게 총괄평가의 역할을 띠었다. 평가는 학생의 학업 성취를 부모, 다른 교사, 학생 자신에게 알리는 방식으로 설계되었을 뿐 아니라, 학생의 배치(placements)와 삶의 선택에 대해서도 결정을 내리는 방식으로 설계되었다. 학생들은 다른 프로그램들을 받았고, 다른 트랙으로 분류되었고, 다양한 목적지를 향해 여행을 떠났다. 학교에서의 평가는 외부에서 이루어지는 시험을 모방하고 학생을 분류하고 선택할 필요성을 강화하면서 지역 수준의 문지기가 되었다. 학교와 교사들은 계속되는 성적 통지, 보상과 벌칙, 프로그램 결정과 같은 시스템을 통해 이 과정에 기여했다.

1980년대 이후, 대규모 평가의 결과 사용 방식에 또 다른 극적인 변화가 있었다. 널리 영향을 미친 기준(standards) 기반 정책의 맥락 속에서 대규모 평가는 학생에 대한 의사결정 도구에서 정책에 따라 만들어진 기준에 비추어 학생들의 성적에 대한 책임을 묻는 지렛대로 변화했다.

평가 결과는 책임을 묻기 위한 선택의 수단이 되었다. 이러한 정책 지침은 평가 결과가 학생들에게 '고부담'이 되게 했고, 중요한 것은 교사와 학교 지도자들에게도 고부담이 되게 했다는 것이다. 대규모 평가의 사용 범위는 대규모 개혁과 시험의 용도에 대한 시사점과 관련하여 많은 논쟁을 불러왔다(Berliner, 2006; Elmore, 2004; Firestone, Schorr, & Monfils, 2004; Fullan, 2009; Haney, Madaus, & Lyons, 1993; Linn, 2008; OECD, 2012; Popham, 2001, 2002; Simon, Ercikan, & Rousseau, 2012). 특정 요구들 그리고 그와 반대되는 요구들로 인해 많은 변호사, 관료, 시험 제작자 및 교육자가 표준화된 시험을 지지하고, 고안하고, 이의를 제기하느라 계속 분주했다. 전 세계적으로, 국가, 지방, 주 또는 지역에서 새로운 평가 시스템이 탄생했다. 몇몇은 일찌감치 사라졌고, 몇몇은 지속되었다. 일부는 번복되었고, 일부는 교체되었다. 수천 명의 사람이 대규모 평가를 제대로 하기 위해 노력했다. 대규모 평가에 대한 다양한 접근 방식과 그것이 효과가 있는지에 대한 책과 기사가 산더미처럼 쌓였다. 나는 기준 기반 교육 개혁과 대규모 평가에 대한 논쟁의 내용을 설명하려는 것은 아니다. 아마 그것은 또 다른 한 권의 책이 될 것이다(기준 기반 개혁과 평가에 대한 국제적인 접근법에 대한 검토는 Volante, 2012 참조). 하지만 때로 격렬하고 열띤 논쟁이 지속되고 있으며, 이는 평가가 어떻게 학생 학습에 기여할 수 있는지에 대한 대화를 방해한다는 것을 꼭 언급하고 싶다.

비록 핵심 기준과 (다양한 종류의) 외부 시험이 정책 지형을 지배하고 있지만, 매일 교실에서 이루어지는 평가와 그것이 학생들의 학습 과정을 근본적으로 바꿀 수 있는 잠재력에 대한 관심은 다시 높아졌다. 새로운 담론은 아니지만, 이를 지지하는 사람들은 이러한 아이디어가 계속 들릴 수 있도록 애쓴다. 1971년에 블룸(Bloom), 헤이스팅스(Hastings), 마다우스(Madaus)는 『학생 학습의 형성 · 총괄 평가(Formative and Summative Evaluation of Student Learning)』라는 획기적인 책을 저술했고, 이 책에서 기술된 교육에 대한 관점을 보면 학교 교육은 개인의 발달이 주된 목적임을 밝힌다. 그들이 보기에 평가(assessment, evaluation)는 학습의 일부였고, 학급 교사는 학생 학습을 개선하고 확장하기 위해 평가를 사용하는 데 중요한 역할을 했다. 이 책은 한 세대의 교사와 지도자들에게 영향을 미쳤지만, 그들의 목소리는 시험을 사회적 통제와 사회적 이동의 메커니즘으로 보는 힘에 매몰되었다. 그러나 새 물결을 이끄는 연구자들은 형성평가와 그것의 원리를 이해하기 위해 계속 노력했다. 크룩스(Crooks, 1988)는 교실 평가가 학생의 학습에 장·단기적 영향을 미친다는 것을 강력히 보여 주는 연구 기반 사례를 제시했다. 1980년대 중반부터 1990년대 말까지 교육적으로 유용한 평가를 지지하는 사람들이 꾸준히 있었다(Black, 1998; Popham, 2001; Shepard, 1989; Stiggins, 1991; Sutton, 1995; Wiggins, 1993; Wolf, Bixby, Glenn, & Gardner, 1991).

평가개혁단(Assessment Reform Group)의 획기적인 논문인 「블랙박스 내부: 교실 평가를 통한 수준 제고(Inside the Black Box: Raising Standards Through Classroom Assessment)」(Black & Wiliam, 1998)는 학습 향상을 위한 메커니즘으로 평가의 잠재력에 주목하게 한 이정표를 세웠다. 그들은 교사가 시행한 특정한 교실 평가가 교육적 성취의 향상에 매우 효과적인 방법이라는 주장을 뒷받침하는 수백 개의 연구를 조사했다. 영국의 평가개혁단(1999)은 이러한 연구 결과를 다음과 같이 설명했다.

> 학습을 촉진하기 위해 명시적으로 설계된 평가는 기준을 높이고 평생 학습을 가능하게 하는 것으로, 우리가 가진 도구 중 가장 강력한 것이다. (p. 2)

평가개혁단(1999)은 평가의 초점이 학생의 학습에 도움을 주는 데 직접 관련이 있는 평가를 **학습을 위한 평가**라고 불렀다.

> 학습자가 어디에 있고, 어느 쪽으로 가야 하고, 그곳에 가는 최

적의 방법을 결정하는 데 교사와 학습자가 증거를 찾고 해석하는 과정(Assessment Reform Group, 1999, p. 2)

> 학습을 촉진하기 위해 명시적으로 설계된 평가는 기준을 높이고 평생 학습을 가능하게 하는 것으로, 우리가 가진 도구 중 가장 강력한 것이다.
>
> – 평가개혁단 (Assessment Reform Group, 1999)

지난 10년 동안, 그들과 다른 많은 사람은 학생의 학습을 돕는 중요한 요소로서 교사가 교실에서 매일 하는 평가의 중요성과 가치에 초점을 맞추어 왔다. 교실 평가의 이러한 대안적 이미지에 대해 이미 많은 저술 작업이 이루어졌고, 교사들은 학생을 평가하는 새로운 방법을 배우기 위해 전문성 개발을 위한 자리에 모여들었다. 연구자들은 학습을 위한 평가 또는 형성평가를 교육의 주요 혁신으로 초점을 맞추어 왔다. 그리고 평가 그 자체가 학생의 학습과 성취도를 높이는 데 사용될 수 있는 강력한 학습 도구임을 보여 주는 증거들을 제시했다(Black, Harrison, Lee, Marshall, & Wiliam, 2003; James & Pedder, 2006; Marzano, 2006; Popham, 2011; Stiggins, 2001; Wiliam, 2011).

정책 입안자와 실천가들은 평가가 가진 힘에 대해 깊이 있게 알게 된 것을 간과하지 않았다. 초판에서 나는 학생의 학습 향상을 위해 교사와 학교 지도자의 지속적인 평가(ongoing assessment) 활동을 정책 입안자들이 지원할 필요가 있음을 제안했다. 그 후 전 세계의 많은 관할 지역에서 학습을 위한 평가 연구의 영향을 받았고, 학교 지침에 이것을 포함했다. 영국은 2008년에 학습을 위한 평가 전략을 도입했다. 학습을 위한 평가는 뉴질랜드 교육과정의 주된 항목이 되었다. 사실상 캐나다의 모든 주와 지역은 이를 정책 지침으로 제시했거나 이를 위한 학습자원을 개발했고, 학습을 위한 평가를 지원하는 전문성 개발의 기회를 제공했다. 노르웨이는 학습을 위한 평가에 대해 광범한 계획을 가지고 있고, 현재도 진행 중이다.

학습을 위한 평가에 대한 이러한 관심은 매우 고무적이다. 정부 차원에서 교사가 학교에서 하는 평가의 가치를 인정하고 정책적 우위에 두는 것은 흥미로워 보인다. 그러나 안타깝게도 학습을 위한 평가의 가능성은 우리가 희망했던 것처럼 실현되지는 않았다. 최근 몇 년간 나는 학습을 위한 평가에 초점을 맞춘 국제 초청 평가 세미나에 참여하는 즐거움과 특권을 누렸다. 이 그룹은 호주, 캐나다, 유럽, 뉴질랜드, 영국, 미국의 연구원, 정책 입안자, 전문 개발 제공자, 교육 리더로 구성되어 있으며, 학습을 위한 수준 높은 평가의 이해를 돕고 이를 활성화하는 데 참여하고 있다(Klenowski, 2007).

이 그룹에서 제기되는 반복되는 주제 중 하나는 학습에 대한 평가가 대부분의 교실에서 피상적이거나 눈에 띄게 분명히 나타나지 않는다는 것이다. 수십 년에 걸쳐 평가가 학생의 학습에 차이를 만들어 낸다는 증거와 사례가 축적되었고 정부 차원에서도 정책의 방향으로 설정했는데 왜 교실에서 근본적인 부분으로 작동하지 않는가? 영국의 '어떻게 학습하는지를 배우기(Learning How to Learn: LHTL)' 프로젝트(James et al., 2007)는 국제 세미나 그룹에 주요 증거 자료를 제공하고 우리의 숙의에 박차를 가했다. LHTL 팀의 연구 결과를 보면, **학습을 위한 평가**의 실행에 초점을 둔 프로젝트에 참여한 교사들은 실천의 기저에 있는 원칙들에 대한 깊은 이해에 기초한 '정신'이 아닌, 형성평가의 소위 '형식'에 대해서 성찰하거나 표면적 기법에 초점을 두고 학생의 자율성을 높이는 방식을 취했다. LHTL 연구에 참여한 교사 중 약 20%만 학생이 학습자로서 발전할 수 있도록 설계된 방식으로 형성평가를 사용하고 있었다(James & Pedder, 2006).

이번 판에서는 2003년의 내용 중 여전히 핵심적인 아이디어들을 재검토하지만, 교육 변화의 렌즈—특히 참가자에게 개념적 변화에 참여할 것을 요구하는 렌즈—를 통해 이를 살펴본다.

엉뚱한 곳에서 변화 찾기

많은 저자가 설명해 왔듯이 교육에서의 변화는 대부분의 개혁 의제가 감안했던 것보다 훨씬 더 복잡했고, 많은 개혁은 실천에 거의 영향을 미치지 않았다(Elmore, 2004; Fullan, 2000; Hargreaves, Earl, Moore, & Manning, 2001). 수년 전 스탠퍼드의 래리 쿠번(Larry Cuban, 1988)은 학교 개혁의 근본적인 퍼즐에 이목을 집중시켰다. 그는 한 세기 동안 학교 개혁에 대한 미사여구를 통해, 학교 교육의 기초 사항들이 눈에 띄게 비슷해졌다고 지적했다. 이런 역설에 대한 그의 설명은 개혁가들이 주로 일차적 변화—**이미 존재하는 것을 보다 효율적이고 효과적으로 만들기 위해 노력하는 변화**—에 집중해 왔다는 것이다. 매우 적은 수의 개혁만 이차적 변화—**학교 운영의 근본적인 방식을 바꾸기 위해 고안된 변화**—에 초점을 맞추었다. 겉으로 나타난 몇 가지 이차적 변화(예: 열린 공간, 팀 티칭, 유연한 일정 등)는 변화를 받아들임으로써 적게 얻고 많이 잃는 것을 경험한 교사와 행정가에 의해 빠르게 전환되었고, 또한 그들에 의해 기존의 것에 맞게 조정되거나 무시되기도 했다(Cuban, 1988). 그럼에도 불구하고 만약 학교가 청소년을 미래에 준비시키기 위해 능력 있고, 자신감 있고, 창의적인 학습자로 길러 내고자 한다면, 이차적인 변화가 복잡한 삶을 다루는 출발점이 되어야 한다.

진정한 변화를 위해 평가를 다시 생각하기

이 책은 평가와 관련된 현상에 근본적으로 도전할 수 있는 방식으로 평가를 바꾸는 내용을 다룬다. 이번 판을 쓰면서, 나는 평가를 학습의 도구로 사용하는 것에 대해서 더 확신하게 되었다. 학습을 위한 도구로서의 평가는 단지 이행 방식이나 학습 자료에 대한 표면적인 변화가 아닌, 교사 자신의 활동에 대한 관점과 교실에서 매일 하는 행동하는 방식에 영향을 미친다. 이런 종류의 변화는 어렵다. 쿠번(1988)이 경고한 대로, 학교에서 이차적 변화를 만들고자 하면 자칫 무기력함과 비관론을 낳을 수 있다. 또한 그는 근본적인 변화는 교사 스스로 변화가 가치 있다고 믿을 때, 그리고 그에 상응하는 학교 밖 사회적 · 정치적 구조에도 변화가 있을 때 일어난다는 것을 상기시켰다.

앞서 설명한 평가에 대한 역사는 학생들의 성적을 측정하고 학교에 책임을 묻도록 고안된 평가 시스템을 사용하여 교육의 질적 수준을 관리하도록 설계된 일련의 기나긴 일차적 변화를 보여 준다. 정부 정책은 상충하는 요구를 학교에 일상적으로 맡기고 있다. 이는 정부가 잘못하고 있음을 뜻하는 것은 아니다. 오히려 학교가 무엇을 위한 것인가에 대한 사회의 분열을 진정으로 보여 주는 것이다. 교육에 대한 대부분의 논쟁(겉으로 드러내기도 하고 속으로 숨겨 놓기도 한)은 학교 교육의 목적에 초점을 맞춘다. 몇몇 법률은 학교를 스스로 통제될 필요가 있는 사회적 통제 기구로 전제한다. 학교에 대한 대규모 평가, 기준, 학교에 대한 제재 및 인센티브가 눈에 띄는 예이다. 다른 입법 방향은 공정성과 형평성이라는 미사여구로 묘사한 모두를 위해 기회를 극대화하는 메커니즘으로 학교를 파악한다. 책무에 대한 관심이 높아짐에 따라 모든 학생의 학습을 향상하기 위한 사회적 추진도 이루어진다. 학교와 지역구는 목표의 본질에 대해 통제와 보상을 동시에 지닌 '문지기로서의 교육'과 '모든 이를 위한 교육'이라는 두 가지 모순된 목적 사이에 끼어 있다. 교사와 행정가는 이러한 모순된 요구를 지닌 도구이며, 이러한 경쟁적인 메시지의 수신자이면서 가해자이다.

혼란스럽고 감정이 가득한 평가 환경에서는 이를 바로잡기 위해 많은 위험을 감수해야 한다. 교육자들은 자신이 어려운 위치에 처해 있음을 안다. 그들은 과도기의 일부이고, 과거의 짐을 진 상태에서 미래의 가능성을 생각해야 한다. 그들은 항상 이러해 왔다는 것을 알고 있고 그 사이에서 안정성을 유지하고자 노력하지만, 동시에 많은 이가 이것이 그저 옳다고 느끼지 않음을 인정한다. 학교에서 이루어지는 평가를 재고하고, 학교의 다양한 목적을 생각하고, 각기 다른 목적에 가장 적절한 실천과 접근을 의도적으로 계획할 때가 왔다. 첫 번째 원칙으로 돌아가기보다는 불분명한 주제를 명확하게 해 줄 어떤 좋은 방법이 있을까? 우리의 목적은 무엇인가? 우리는 무엇을 성취하고자 하는가? 평가는 무엇을 위한 것인가?

목적이 가장 중요하다

나는 초판을 쓸 때 평가의 다양한 목적에 중요한 차이가 있음을 확신했다. 나와 다른 이들은 다양한 목적을 지닌 교실 평가에 대해서 글을 썼는데, 그 목적 중 많은 것이 모순된다. 청소년을 위한 교육의 재발견에 대한 책(Hargreaves, Earl, & Ryan, 1996)에서 우리는 학생의 동기부여, 장애 진단, 성취의 인증, 대중에 대한 책임감으로서 평가라는 다중적이고 경쟁적인 목적에 대해 논의했다. 폴 블랙(Paul Black, 1998)은 학교에서 이루어지는 평가의 세 가지 광범위한 목적으로 학습을 지원하는 목적, 인증 · 진급 · 전학을 위해 개인의 성과를 보고하는 목적, 그리고 공적 책임에 대한 요구를 충족시키기 위한 목적을 들었다. 그는 이어서 이러한 목적 사이에 긴장이 존재한다고 지적했다. 이 긴장은 평가를 수행할 최선의 기관과 각 목적에 맞는 최적의 도구 및 타당한 해석의 선택에 관한 것이다. 교육의 동력으로 학습을 위한 평가가 출현하면서 교사와 학교 지도자들은 교실 평가의 다양한 목적을 구별하기 시작했다. 다른 목적을 위해서

> 여러 가지 목적에 대해 단 하나의 평가를 사용하는 것은 뇌 수술에서 말뚝 박기에 이르는 모든 일에 망치를 사용하는 것과 같다.
>
> - 월트 헤이니 (Walt Haney, 1991)

는 매우 다른 접근법이 필요하며, 목적을 섞으면 그 어떤 것도 제대로 다룰 수 없다. 우선 목적을 결정하고 나서 그에 맞게 평가 프로그램을 설계해야 한다는 것이 더 명백해지고 있다(Gipps, 1994).

정책 입안자, 연구자, 교육 지도자 중 많은 사람은 교사들이 차이를 알고 가치를 이해한다면 서로 다른 목적을 서로 다른 방식으로 다루기 위해 그들의 수업과 평가를 행복하고 쉽게 조정할 것이라 단순하게 믿고 있다. 그러나 교수 · 학습과 마찬가지로 평가는 개별 체제가 아니다. 평가는 복잡하고 역동적이고 다양화될 필요가 있으며 총체적으로 이해되어야 한다. 교육자는 평가의 다양한 목적에 대해 생각하고, 자신이 중요하다고 생각하는 목적과 교실에서 이를 실현하는 방법을 선택할 필요가 있다.

좋은 소식은 많은 교육자, 연구자, 심지어 정책 입안자들이 한동안 이러한 아이디어에 대해 생각하고, 쓰고, 이야기해 왔다는 것이다. 학교에서 이루어지는 평가에 대한 대안, 즉 평가의 목적을 먼저 생각하고 책임을 묻는 대규모 평가에서 교수 · 학습을 위한 교실 평가로 초점을 전환하는 대안적인 비전의 목소리가 대두되고 있다. 그런데도 모범적인 실천들은 예외적인 경우가 더 많고, 여러 교육 상황에서 지지받거나 장려되지 못하고 있다. 하지만 진정한 혁신을 위한 씨는 뿌려졌고, 이제 그곳에서 아이디어가 자라고 꽃을 피우면 된다. 비록 몇몇 정부에서 혁신적인 아이디어의 발전을 돕고 그 영향력이 퍼지기를 재촉했지만, 이러한 평가 혁신은 권력의 장에서 일어나지 않는다. 오히려 학생과 교사가 함께 활동하는 학교, 특히 교실 상황에 자리 잡는다. 여러 저자가 꿈꾸는 변화는 교사들 그리고 평가와 수업이 어떻게, 왜 일어나는지를 다시 생각해 보는 이들에게 달려 있다.

로리 셰퍼드(Lorrie Shepard, 2000)는 미국교육연구학회(American Educational Research Association) 회장 연설에서 외부에서 주어지는 책무시험이 교사의 숙련도와 전문성 저하를 야기하고, 학교에서 학생과 교사가 하는 노력이 생각을 자극하기보다는 외부적으로 의무화된 보상과 처벌에 대응해야 한다는 것을 가르치게 될 것이라고 큰 목소리로 우려했다. 나도 동의한다. 하지만 교사에게 평가권을 되돌려주는 것이 평가 목적에서의 변화나 평가를 학습의 통합된 부분으로 만드는 접근에서의 변화 없이, 기존에 교사가 다소 의심스러운 방법으로 학생들을 판단하던 것을 강화하는 것으로 귀결되면 어쩌나 하는 걱정이 든다. 평가를 교사의 통제권 아래에 둔다는 것 자체가 긍정적인 변화는 아니다. 존재하지 않는 '황금시대'로 돌아간다고 해서 개혁 의제가 진전되지는 않는다. 깊이 있고 지속적인 학습에 영향을 미치는 평가 혁신은 그 자체로 평가보다 더 큰 영향력을 행사한다. 이는 학습에서의 혁신을 의미한다. 학습을 위한 평가의 전망은 모든 학생을 위한 깊이 있고 실제적인 학습이라는 최상위 목적과 관련이 있다. 학습하는 기관으로서의 학교라는 비전에 접근하기 위해서는 교육의 기저에 놓인 가정에서 극적인 변화가 이루어져야 한다. 그리고 이는 학교, 교사, 가르치는 것 그리고 특히 평가에 대한 다른 시각을 요청한다.

> **가정**
>
> 학교는 모든 학생을 미래에 준비시켜야 할 책임이 있다. 그리고 교사는 모든 학생을 높은 수준의 학습으로 인도할 수 있는 능력을 가지고 있다. 또한 무엇보다도 평가는 학생 학습의 일부이다.

겉보기에는 간단해 보이는 이러한 변화는 학교에서 가르치고 배우는 방법에 극적인 변화를 요구한다. 따라서 교실 평가에서의 변화는 모든 종류의 교실 실천에서 이루어지는 혁신의 부분이 된다. 어려운 주문이지만 불가능한 것은 아니다. 교육에서의 변화는 점진적인 과정이며, 매일 아주 작은 변화들이 다양하고 예측할 수 없는 방식으로 여러 곳에서 일어난다. 우리는 이미 첫 단계를 밟았고, 작지만 많은 변화를 만들었다. 우리는 혁명을 향한 점진적인 발전의 길에 들어섰다. 오랜 시간에 걸쳐 교사, 학부모, 학생은 학교에서 이루어지는 평가의 본질을, 판단하고 분류하는 문화에서 모든 이를 위한 학습을 장려하는 문화로 개혁할 수 있다.

교실 평가와 대규모 개혁

교육은 많은 입법 의제의 선봉에 있고, 많은 정부는 전체적인 시스템을 바꾸기 위한 대규모 개혁 의제에 착수했다. 마이클 풀런(Michael Fullan, 2000)은 "대규모 개혁이 맹렬히 돌아왔다."라고 묘사하면서 그 개혁이 놀라울 정도로 전 세계적으로 비슷한 양상을 띤다고 설명한다. 나라마다 고유한 역사와 맥락을 가지고 있지만, 대부분 개별 학교에 대한 책임 증가, 지역 교육청과 학교 위원회의 권한 감소, 학부모에게 더 많은 권한과 책임 부여, 교육과정의 변화와 중앙 집중화, 학생의 학습에 대한 기준과 기대치의 도입, 중앙 집중식 평가 틀의 도입을 포함하는 정책을 시행하고 있다.

정부가 개혁 과제를 시행할 때, 그들은 일반적으로 대규모 평가 점수를 성공의 최종 측정치로 삼는 외부적 질 통제를 통해 학교에 압력을 가하는 일차적인 변화에 초점을 맞춘다. 교육자들은 그 변화를 개탄하고 저항하거나, 정부를 만족시키기 위해 겉으로만 따르는 경우가 너무 많다. 내 생각에 이 과정은 우리를 당면한 일에서 멀어지게 만든다. 그러나 오늘날 대규모 개혁의 물결은 이차적 변화를 낳을 수 있도록 교육자들이 키우고 널리 퍼지게 할 가치를 포함하고 있다. 이는 특히 (단지 시험 점수가 아니라) 학생의 학습을 가장 중요한 결과로 보며, (학습을 위한 평가를 비롯하여) 교수·학습의 질을 높이는 것을 개혁의 기본 구조에 넣은 것과 관련이 있다. 초판에서 나는 정부가 교수·학습에 초점을 맞춘 교실 평가에 대한 명료한 비전을 제시함으로써 평가의 개혁에 도움을 주고, 그러한 맥락 속에서 교사가 평가 관행을 다시 생각해 볼 수 있도록 지원할 필요가 있다고 제안했다. 많은 곳에서 교실 평가와 학습을 위한 평가는 정책적 지형의 일부가 되고 있다.

대규모 개혁에 내재된 기회들은 대개 개혁이 잘 의도되어 있을 때조차도 실현되는 것을 보기 어렵다. 교사가 폄하되고 평가절하되고 조사받는다고 느낄 때는 개혁을 냉정하게 바라보기 어렵다. 정책의 모든 의도된 결과는 의도하지 않은 결과의 그림자와 함께 나타나며, 그림자에 의한 일식은 때때로 원래의 이미지보다 더 극적으로 보인다. 이런 경우 교사와 행정가는 반응하기보다 행동하며, 학생들에게 실제로 도움이 될 수 있다고 생각하는 방식으로 교육 변화의 의제를 바꿀 수 있는 힘을 가지고 있다.

도전을 받아들이기

요즘의 분위기에서 교육자들은 평가의 목적과 과정에 근본적인 변화를 일으킬 수 있는 특별한 위치에 있다. 하지만 그것은 쉬운 길이 아닐 것이다. 강력한 힘이 몇 가지 다른 방향으로 작용하고 있다. 대규모 개혁의 추진은 보다 중앙집권적인 통제를 위한 것이며, 국가 혹은 주 수준의 기준과 교육과정 그리고 연동되는 시험 체제를 통해서 이루어진다. 동시에 교사의 도덕적 목적은 매우 충만하다. 이들은 대부분 학생의 삶에 변화를 주기 위해 이 직업에 입문했고, 어떻게 하면 학생에게 도움이 될 수 있는지를 일상적으로 고민하고 있다. 학생들이 어려움에 처하면, 많은 교사는 기꺼이 새로운 접근법을 고려한다. 일반 대중은 정보를 충분히 접하지 못했거나 결심이 서지 않았을 수 있다. 이들은 항상 그래왔던 것에 대한 대안, 다른 방식의 이미지를 요구한다.

> 복잡성은 성가시지만 진실이다.

비록 도전은 엄청나지만, 지금은 타성을 가질 때가 아니다. 내가 가장 좋아하는 만화 캐릭터 중 하나인 포고(Pogo)는 "우리는 극복할 수 없는 기회와 맞닥뜨린 것 같다."라고 말한 적이 있다. 교사와 행정가는 학습의 향상을 위한 흥미롭고 강력한 수단으로 평가를 사용할 잠재력을 가지고 있다. 교실 평가를 제대로 하는 것은 상상한 것보다 훨씬 더 어려운 것으로 밝혀지고 있다. 이것은 개인이 가진 신념에 도전하는 것이고, 수업을 다시 생각해 보는 것이며, 다양한 목적을 위한 새로운 평가 방식의 학습을 의미한다. 이는 배움에 열정이 있고, 상상력이 풍부하며, 교실에서 평가를 생산적인 방식으로 사용하도록 저항적인 전략을 만들고 학습과 평가의 복잡성을 인정하려는 의지를 지닌 교육자를 필요로 한다.

더 생각해 보기

1. 여러분이 학생이었을 때 교실 평가의 목적은 무엇이었는가?
2. 현재 학교나 학교구에서 학생의 학습 향상을 위해 교실 평가가 어떻게 사용되고 있는가?

ASSESSMENT

제3장

학습 결과에 대한 평가, 학습을 위한 평가, 학습 과정으로서의 평가

AS LEARNING

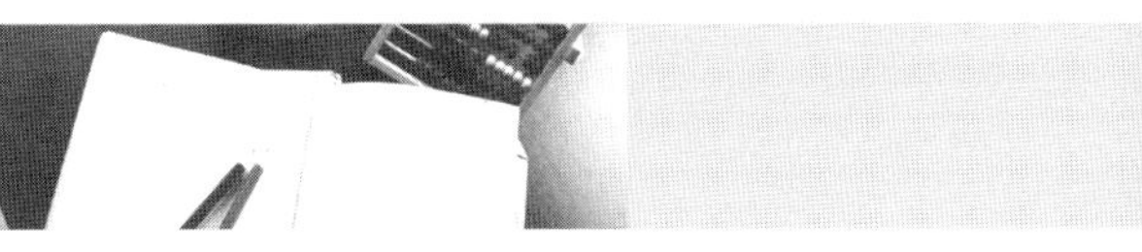

제1장에서 나는 평가에 대해 '선호하는 미래'를 설명했다. 나의 비전은 학습 과정을 안내하고 학습을 더욱 고무시키는 평가를 학습의 필수적인 부분으로 만드는 것이다. '평가(assessment)'라는 단어는 '옆에 앉아 있거나 함께 앉는다'는 뜻의 라틴어 'assidere'에서 유래했다(Wiggins, 1993). 학습이라는 도전을 추구하는 과정에서 실제로 학생의 학습에서 어떤 일이 일어나고 있는지를 이해하기 위해 교사와 학생이 함께 앉아 있다는 의미는 평가(assessment, evaluation)가 대체로 학교에서 맡고 있는 역할과 상당히 거리감이 있지만, 많은 교사는 항상 이 일을 해 왔다. 이 장에서는 교실에서 일상적으로 실시하고 있는 평가의 다양한 목표를 자세히 살펴볼 것이다. 교실 평가(classroom assessment)는 다양한 대상과 다양한 상황에 따라 다른 의미를 지니는 복잡한 작업이며, 또 그래야만 한다. 평가의 다양한 목표는 서로 지지하기도 하고, 맞서기도 하며, 상충하기도 한다. 윌슨(Wilson, 1994)이 설명한 바와 같이, 교사는 평가에서 다양한 역할을 수행하고 있으며, 이를 제대로 유지하는 것은 어려운 일이다(〈표 3-1〉 참조).

확실히 이러한 역할들은 중복된다. 교사들이 평가 활동을 하면서 다양한 목표를 달성하기 위해 애쓰는 것을 보면 교실 평가의 과정이 실제로 얼마나 복잡한지 알 수 있다. 또한 이러한 다양한 역할과 목표에 내재된 긴장(tension)은 교사에게 걱정거리가 된다. 선호하는 미래에서 내가 교실 평가의 역할을 숙고했던 것처럼, 내 생각을 이끌어 준 교실 평

〈표 3-1〉 평가의 역할과 목표

역할	목적
멘토(mentor)로서의 교사	개별 학생들에게 피드백을 제공하고 지원하기
안내자(guide)로서의 교사	진단 정보를 수집하여 모둠이 당면한 활동을 안내하기
회계사(accountant)로서의 교사	학생의 진보와 성취를 계속 기록하기
보고자(reporter)로서의 교사	학생의 진보와 성취에 대해 학부모, 학생, 학교에 보고하기
수업 운영자(program director)로서의 교사	수업 실행을 조정하고 수정하기

출처: Wilson (1996).

가에 대한 세 가지 다른 접근 방식을 살펴봄으로써 이러한 긴장이 보다 가시적이고 이해 가능해지기를 바란다. 세 가지 접근 방식은 **학습 결과에 대한 평가**(assessment of learning), **학습을 위한 평가**(assessment for learning), **학습 과정으로서의 평가**(assessment as learning)이다. 선호하는 미래의 일부분으로서 **학습을 위한 평가, 학습 과정으로서의 평가**가 기여하는 바에 주목하려는 목적도 있지만, **학습 결과에 대한 평가** 또한 가치 있고 그 나름의 역할이 있다. 내 생각에는, 세 가지 접근 방법을 모두 이해하고, 이들 사이에 존재하는 불가피한 모순을 인식하고, 평가할 때 어떤 것을 사용하며 왜 그것을 사용하는지 알고, 이들 모두 현명하게 잘 활용하는 것이 중요하다.

나는 이 책 초판에서 평가개혁단(Assessment Reform Group)이 구별해 놓은 것을 확장했다. 교사가 평가를 사용해서 자신의 수업 실천을 바꾸어 학생의 학습을 촉진하는 것과 학생이 평가를 사용해서 학습에 대한 책임감을 계발하는 것으로 나누었고, 후자를 **학습 과정으로서의 평가**라고 불렀다. 이를 통해 상호 연관되어 있지만 구별되는 평가의 목적에 따라

학습을 위한 평가, **학습 과정으로서의 평가**, **학습 결과에 대한 평가**로 구분했다.

> 측정인가 학습인가, 이것이 문제이다.
> – 브로드풋(Broadfoot, 1996)

각각의 목표는 교실에서 이루어지는 평가에서 중요한 역할을 한다. **학습 결과에 대한 평가**가 채점과 보고에 대한 것이라면, **학습을 위한 평가**, **학습 과정으로서의 평가**는 학습을 지원하기 위한 평가를 수업의 일부분으로 실시하는 것을 명시화하는 것이다. 이러한 생각들은 현재 이루어지고 있는 수업에서 때로는 쉽게, 때로는 불편하게 공존하고 있다. 평가의 다양한 목표에 주목하기 위해서는 교실에서 이루어지는 평가(assessment, evaluation)에 대해 교사 자신의 사고방식과 관점에 변화가 이루어져야 한다.

학습을 위한 평가

> **가정**
> 교실 평가는 학습을 향상시킬 수 있다.

학습을 위한 평가는 학교의 전통적인 평가에 대해 대안적인 관점을 제공한다. 간단히 말하면, 학습을 위한 평가는 총괄평가에서 형성평가로, 판단하는 것에서 학습의 다음 단계에 사용될 수 있는 서술형(descriptions)의 작성으로 변화한 것이다.

학습을 위한 평가는 개별 학생들이 자신의 학습에 어떻게 접근하는지 구별하고 이해할 수 있도록 학생들이 참여하는 교수·학습 활동을 수정할 수 있는 정보를 교사에게 제공하기 위해 설계된다. 이러한 평가는 많은 학생이 겪는 예측 가능한 패턴과 경로가 있음을 인정하면서도 학생들이 모두 개별적이며 특유의 방식으로 학습하고 있음을 시사한다. 신중하게 계획된 평가(그리고 평가 과정에 대한 비판적인 성찰)로부터 도출된 정보는 학생들이 알고 있는 것을 밝힐 뿐만 아니라, 학생들이 알고 있는 것을 사용하는지, 알고 있는 것을 어떻게, 언제 사용하는지에 대한 통찰을 제공한다. 교사가 수업과 자료를 합리적으로 조직하고 목표를 정할 수 있도록 말이다.

학습을 위한 평가를 할 때, 교사는 다른 목표를 위해 광범위한 자료를 수집함으로써 학생들을 위한 학습 활동을 수정한다. 교사들은 학생들이 이미 알고 있고 할 수 있는 것을 알아보는 평가 과제를 정교하게 만들고, 과정에서 얻게 된 통찰을 사용하여 다음 수업 단계를 설계한다. 이를 위해 교사는 관찰, 워크시트, 수업 중 질문, 교사-학생 콘퍼런스 등 계획과 수업에 유용한 정보를 줄 수 있는 어떤 것이든 활용한다. 학생의 작업 결과물을 검토하는 것은 점수를 매기고 학생들 간 상대적인 비교를 위함이 아니라, 개별 학생의 강점과 약점에 주목하고 학생에게 피드백을 제공함으로써 학생의 학습을 발전시키기 위한 것이다.

> 실제로 교실 평가를 통해 태도, 기능, 지식, 사고가 조성 · 육성되며, 촉진되거나 억제되기도 한다.
>
> – 하인즈
> (Hynes, 1991)

학습을 위한 평가에서, 교사는 자신이 학생에 대해서 개인적으로 파악한 지식, 평가의 맥락에 대한 이해, 교육과정상의 목표에 대한 이해를 바탕으로 학생의 개별적인 학습 요구를 파악한다. **학습을 위한 평가**는 학습의 끝이 아니라 학습 중에, 대개 한 번 이상 이루어진다. 이러한 평가는 교사가 학생에게 도움을 주는 상호작용으로 이루어지며, 교사의 피드백은 학생이 다음 단계로 갈 수 있는 발판이 된다. 그리고 이는 교사의 진단 기능(skills)에 달려 있다.

이 접근 방식에서 평가 기록(recordkeeping)은 진전도(tracking progress)를 포함할 수도 있을 것이다. 하지만 교사들은 기대(성취 기준, expectations)에 대한 학생의 발전을 나타내는 체크리스트, 수행 결과물, 시간 경과에 따른 학생의 작업 포트폴리오, 학습 연속성에 따라 학생의 발전을 볼 수 있는 워크시트 같은 기록을 주로 사용한다.

학습 과정으로서의 평가

학습 과정으로서의 평가는 학생의 메타인지를 계발하고 지원하는 과정으로 평가를 사용하는 것을 강조하는, **학습을 위한 평가**의 한 부분이다. 나는 **학습을 위한 평가**의 일부분으로 **학습 과정으로서의 평가** 개념을 도입함으로써, 평가와 학습 과정에 참여자일 뿐만 아니라 평가와 학습 과정을 잇는 중요한 연결자로서 학생의 역할을 강조하는, 학습을 위한 형성평가의 역할을 강화하고 확장했다. **학습 과정으로서의 평가**는 평가와 학생들의 학습 간 중요한 연결고리로 학생의 역할에 집중한다. 능동적 · 비판적으로 사고하며 행동하는 학생들은 정보를 이해하고, 이를 선지식과 연결 짓고, 새로운 학습의 구성에 사용한다. 이것은 메타인지에서 조절 과정(regulatory process)이다. 이는 학생들이 자신의 학습을 직접 모니터링하고 모니터링을 통해 얻은 피드백을 이용하여 자신이 이해한 것을 조정하고 적응하며 심지어 변화시키는 것이다. 교사들이 **학습 과정으로서의 평가**에 집중할 때, 그들은 학생들이 자신의 학습을 성찰하고 비판적인 분석에 능숙한 비판적 사고가가 되는 데 필수적인 기능을 계발하고 실천할 수 있도록 학생들을 돕는 수단으로 교실 평가를 이용한다.

> **가정**
>
> 자기 평가(self-assessment)는 문제의 핵심이다.

언젠가 학생들은 스스로 동기를 부여해야 하고, 삶에서 맞닥뜨리는 결정과 문제에 대해 자신의 재능과 지식을 발휘해야 할 것이다. 교사(또는 정치인, 판매원, 종교의 리더)가 그들에게 '정답'이라고 말할 때까지 그저 기다릴 수는 없다. 효과적인 평가는 학생들이 성찰하는 질문을 하게 하고, 학습과 수행에 대한 다양한 전략을 고려하게 한다. 시간이 지남

에 따라 자신의 개인적 지식을 사용하여 의미를 구성하고, 자신이 이해하지 못하는 것이 무엇인지 알기 위한 자기 모니터링(self-monitoring) 기능을 가지며 다음에 무엇을 해야 하는지 결정하는 여러 방법을 알게 될 때, 학생들은 자신의 학습에서 앞으로 나아가게 된다.

학습 과정으로서의 평가에서 평가 기록은 개인적인 일이다. 학생과 교사는 학습했다는 중요한 증거와 이것이 어떻게 구성되어야 하며 개별적인 학습을 돕기 위해 어떻게 지속되어야 하는지 (대체로 함께) 결정한다. 학생들은 일상적으로 자신의 학습에 대해 성찰하고 학습한 것을 어떻게 활용할 수 있을지 판단한다. 이는 다른 사람과 비교하는 것과 무관하다. 대신, 중요한 기준점은 학생 자신의 선행학습 그리고 지속적인 학습에 대한 열망과 목표이다.

학습 결과에 대한 평가

학교에서 주를 이루는 평가는 **학습 결과에 대한 평가**이다. 이 평가의 목적은 총합적으로, 대체로 다른 학생과의 비교를 통해 상대적인 위치를 나타냄으로써 학습 결과를 증명(certify)하고 학부모와 학생들에게 학생의 발전 정도를 보고하기 위한 것이다. 교실에서 **학습 결과에 대한 평가**는 일반적으로 학습 후 실시되며[예: 단원, 학기, 학년, 핵심 단계(key stage), 프로그램], 시험(test, exam)의 형태는 학습하는 동안 다룬 자료에서 나온 문제를 포함한다. **학습 결과에 대한 평가**에서 결과는 일반적으로 점수(marks)나 문자 등급(letter grades)으로 상징적으로 나타나며, 학부모에게 보고하기 위해 여러 내용 영역에 걸친 다수의 점수(marks) 평균으로 요약된다.

이러한 종류의 평가는 특히 중등학교에서 여전히 교실 평가 활동을 주도하고 있으며, 교사들은 시험 작성과 채점을 철저히 담당한다. 교사들

> 일반적으로 교육과정이나 수업 단원이 끝날 때 실시하는 평가의 목적은 수업 목표가 달성된 정도와 학생 성취의 등급 또는 이수 여부를 결정하는 것이다.
> - 린과 그론런드
> (Linn & Gronlund, 2000)

은 시험을 통해 학생의 학습량과 학습 결과물의 정확성을 평가하며, 채점하고 등급을 매기는 데 노력을 많이 쏟는다. 이 평가는 학생의 비교에 중점을 두고 있으며, 학생들은 개선을 위한 방향이나 조언을 포함하지 않는 점수나 등급의 형태로 피드백을 받는다. 이러한 시험은 어떤 학생이 가장 잘하는지, 어떤 학생이 잘하지 못하는지를 보여 준다. 대체로 지금까지 다룬 광범위한 기능과 지식을 나타내기에 시험 내용은 지나치게 제한적이고 채점은 너무나 단순하여 특정한 아이디어나 개념의 숙달 정도를 나타내지 못한다. 그러나 이와 같은 특수성의 결여는 문제가 되지 않았다. 왜냐하면 교사들이 인식한 평가의 목적은 학생들을 서열화하고, 어떤 집단이든 집단 내에서 학생의 위치를 나타내는 기호(symbol)를 부여하는 것이기 때문이다. 교사들은 학생에게 부여한 등급을 정당화하는 것에만 사용하는 방대한 양의 학생 성취 기록을 가지고 있다.

이 책의 대부분이 **학습을 위한 평가**와 **학습 과정으로서의 평가**에 초점을 맞추고 있지만, 총괄평가가 필요한 중요한 단계와 시점이 항상 존재할 것이며, 학생들의 삶에 오랫동안 영향을 미치는 중요한 결정을 내리는 데 사용되기 때문에 **학습 결과에 대한 평가**는 필수적이다. 이를 제대로 하는 것 그 자체가 도전이다. **학습 결과에 대한 평가**와 성적은 교육에서 오랜 역사를 지닌다. 이들은 학부모와 대중에게 널리 받아들여져 왔다. 만약 이것이 우리에게 도움이 되었다면, 왜 우리는 평가와 채점이 이루어지는 과정에 대해 염려하는 것일까? 나는 나의 주된 목적에서 너무 벗어나지 않으면서, 우리가 항상 해 왔던 것에 대해 현재 논쟁하고 있는 몇 가지 문제를 강조하고 싶다. 그동안 대중들은 학교 성적을 널리 지지해 왔지만, 학교 성적의 공정성과 심지어 정확성에 대한 회의론이 커지고 있다. 교육 연구자들과 이론가들은 꽤 오랫동안 전통적인 채점 관행에 대해 비판적이었다(Marzano, 2000). 측정 이론에서 성적은 매우 의심스럽다. 왜일까? 교사들은 성적을 매길 때 학업 성취 이외의 많은 요소를 고려한다. 또 평가의 가중치를 다르게 매기며, 광범위한 기능과 능력이 담긴 성과를 나타내는 평가의 단일 점수를 잘못 해석한다(Marzano, 2000). 교육이 성공적인 미래를 위한 필수 요소가 되면서, 성적이 계산되는 방식과 이것이 실제로 의미하는 바를 얼마나 잘 반영하는지에 더 많은 관심이 집중될 것이다. **학습 결과에 대한 평가**는 공개되는 평가이며, 학생들이 얼마나 잘 학습하고 있는가에 대한 진술(statement)이나 기호로 귀결된다. 이는 학생들의 미래에 영향을 주는 중요한 결정의 원인이 된다. 그렇다면 중요한 것은 근본적인 논리와 측정은 신뢰할 수 있고 정당한 것이어야 하며, 교사들은 정보를 받는 사람들이 합리적이고 정당한 선택을 할 수 있도록 학생들의 능숙도 또는 역량의 정확하고 타당한 진술을 제공하기 위해 평가를 활용해 왔는지 확인하는 데 집중해야 한다는 것이다. 이 책은 **학습 결과에 대한 평가**에 열려 있으며, 교육자들은 **학습 결과에 대한 평가**와 이를 통해 산출된 성적이 정당하며 가치 있는 것인지 확실히 할 수 있도록 배워야 할 것이 많다.

올바른 균형 맞추기

이 세 가지 접근 방법은 모두 학생들의 학습에 기여하지만, 방식은 상당히 다르다. 〈표 3-2〉는 각각의 접근 방법에 따른 핵심적인 특징을 요약한 것이다.

앞서 언급했듯이, 세 가지 평가 접근 방법은 각자의 역할이 있다. 세 가지 평가를 잘 사용하는 비결은 바른 균형을 갖추는 것이다. 현재 시점에서 전통적인 환경에 있는 거의 모든 교실 평가는 총합적인 **학습 결과에 대한 평가**로서, 학습 후에 학습이 얼마나 이루어졌는지 측정하는 데 초점

〈표 3-2〉 학습 결과에 대한 평가, 학습을 위한 평가, 학습 과정으로서의 평가의 특징

접근 방법	목표	기준점	주요 평가자
학습 결과에 대한 평가	배치, 진급, 자격에 대한 판단	다른 학생, 기준 또는 기대(expectations)	교사
학습을 위한 평가	교사들의 수업에 대한 의사결정을 위한 정보	외적 기준 또는 기대(expectations)	교사
학습 과정으로서의 평가	자기 모니터링과 자기 교정(self-correction) 또는 자기 조정(self-adjustment)	개인의 목표와 외적 기준	학생

을 두며 학생들을 분류하고 이러한 판단을 다른 사람들에게 보고하는 데 사용된다. 몇몇 교사는 진단 과정, 형성평가, 프로그램의 단계별 피드백을 계획하고, 학생들에게 그들이 점수(바라건대, 그들의 학습)를 향상할 수 있도록 기회를 한 번 더 제공함으로써 **학습을 위한 평가**를 사용한다. 그러나 체계적인 **학습 과정으로서의 평가**는 거의 존재하지 않는다.

확실히, 학생의 학습 목표(key outcomes) 성취에 대한 정보와 다른 학생들과의 비교를 통한 등급이 중요할 때가 있는데, 그럴 때는 **학습 결과에 대한 평가**로 접근해야 한다. 문제는 다른 평가 방법을 사용할 겨를이 없을 정도로 학교가 **학습 결과에 대한 평가**를 반복적으로 사용해야만 하는가이다. [그림 3-1]은 세 가지 평가 방법의 전통적인 관계를 보여 준다.

[그림 3-2]는 다른 방식의 균형을 제안하는 재구성된 피라미드로 **학습을 위한 평가**와 **학습 과정으로서의 평가**에 더 많은 관심을 강조한다. 이 경우에 **학습 결과에 대한 평가**는 총합적 판단이 요구되는 의사결정이 있을 때 또는 교사와 학생이 누적된 학습 결과를 확인하고 싶을 때 활용되지만, 이 역할은 상대적으로 작다. 교실 평가의 주된 초점은 교사(**학습을 위한 평가**)와 학생(**학습 과정으로서의 평가**)에 의해 이루어지는 학생의 학습에

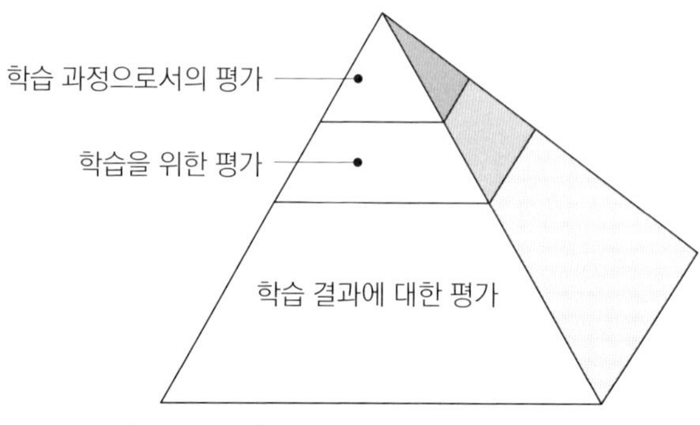

[그림 3-1] 전통적인 평가 피라미드

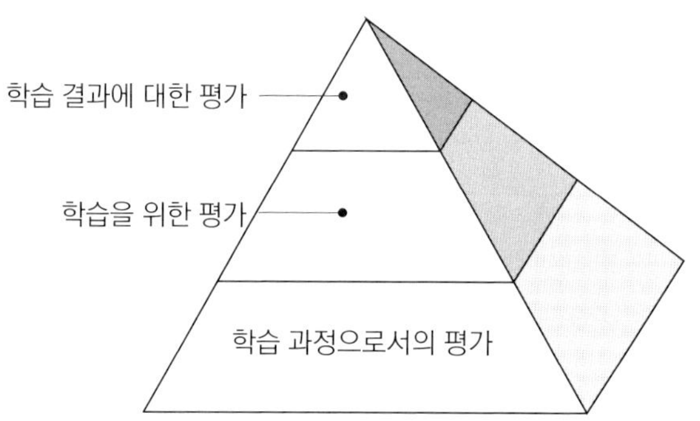

[그림 3-2] 재구성된 평가 피라미드

기여하는 것에 있다.

학교를 학생을 성적에 따라 분류하는 기관으로 보았던 역사에 비추어 볼 때, 평가와 학습이 밀접하고 불가분의 관계에 있다는 개념은 혁신적이다. 이러한 개념은 표면적으로는 매력적이지만 우리가 알고 있는 학교에 적합한지를 생각해 보면 불편하고 어렵다. 나는 이것이 "평가는 가장 어려운 부분이다."라고 말하며 교사들이 이야기했던 딜레마라고 생각한다. 교사들은 학생의 학습을 점검하고 평가에 근거하여 학생을 분류하며 학생을 가르치는 일 사이에서 모순되는 책임을 안고 분투하고 있다. 항상 존재해 온 이와 같은 긴장(tension)이 바로 균형을 재구성한 이유이다. 교사들과 행정가들은 지역사회, 특히 학부모들이 학교에 기대하는 것에 큰 동요를 일으키지 않고도 이러한 재구성을 실천할 수 있다. 학부모는 항상 자녀들의 이익을 염두에 두고 있다. **학습을 위한 평가**와 **학습 과정으로서의 평가**가 자녀의 학습 향상과 성공에 기여하는 방식을 알게 될 때, 학부모들은 학습에 초점을 둔 적극적인 지원군으로서 이러한 평가에 빠져들게 될 것이다.

이렇게 새로 만들어진 평가 환경에서 평가는 학교 수업의 상당 부분을 차지하게 되는데, 이는 개별 시험의 형태가 아니라 자연스러운 학습 과정의 부분일 것이다. 물론 몇몇 개인이나 모둠을 선별해야 할 필요가 있거나 학생들 혹은 다른 이들에게 종합적인 설명을 해야 할 때 시험을 이정표나 통과의례로 쳐야 할 것이다. 하지만 현실에서 보면 이런 일은 우리가 아마 그럴 것이라고 믿는 것보다 훨씬 적다.

더 생각해 보기

1. 평가 목표의 균형을 알아보기 위해 여러분이 있는 학교의 교사들을 인터뷰하라. 평가 피라미드는 어떤 모습인가?
2. 여러분의 학교에서 사용 중인 평가 샘플을 분석하라. 평가는 학습 결과에 대한 평가로 설계되었는가, 학습을 위한 평가로 설계되었는가, 또는 학습 과정으로서의 평가로 설계되었는가?

ASSESSMENT

제4장

학습에 주목하기

AS LEARNING

이 책의 기본적인 생각은 학습은 '반드시 해야 하는 것'이다. 내 생각에, 모든 사람에게 높은 수준의 학습을 제공하는 것에 초점을 두고, 학생의 학습을 학교 교육의 중심에 둔 것은 지난 세기 동안 교육에서 일어난 주요한 변화이다. 나는 이 목표가 달성되었다고 말하려는 것은 아니다. 하지만 나는 '선호하는 미래'가 지식을 요구하는 직업에 준비된 '재능 있는 10분의 1(talented tenth)'을 선택하는 것이 아니라 모든 아이를 잘 교육하는 것을 목표로 하는 시대(Darling-Hammond, 1994), 학교가 학생들을 분류하고 학교의 학습 방법에 맞지 않는 학생들을 뽑아내는 것으로 충분하지 않은 미래라고 믿는 것에 대해 변명하지 않겠다. 비록 이 목표를 위한 여정은 혼란스럽고 에움길을 걷는 것이지만, 나는 이것이 교사들의 직업적 책무라는 도덕적 목적에 포함된 필수 목표라고 믿고 있다.

가정

학습은 학교에서 반드시 해야 하는 것이다.

학습은 우리를 인간으로 만든다

학습은 어렵고, 심지어 불가능해 보이는 시대를 거쳐 인간의 생존에 항상 이점을 제공해 왔다. 인간은 배울 수 있고, 배운 것을 잊을 수 있으며(unlearn), 자신의 배움을 공유할 수 있고, 그들을 따르는 이들에게 배움을 전달할 수 있다. 학습은 개인으로서나 집단으로서 우리 존재의 핵심에 있다. 이는 미래 세대가 정신없이 바쁘게 돌아가고 예측할 수 없이 변화하는 세계에 대응하고 살아남을 수 있도록 준비시키는 열쇠이다. 그리고 아마도 가장 중요한 것은, **우리는 배울 수 있는 것의 한계에 접근조차 하지 않았다**는 것이다.

[그림 4-1]은 정보를 이용하고 세상을 이해하기 위해 인간이 자유롭게 사용할 수 있는 강력하고 독특한 학습 특성을 나타낸 것이다.

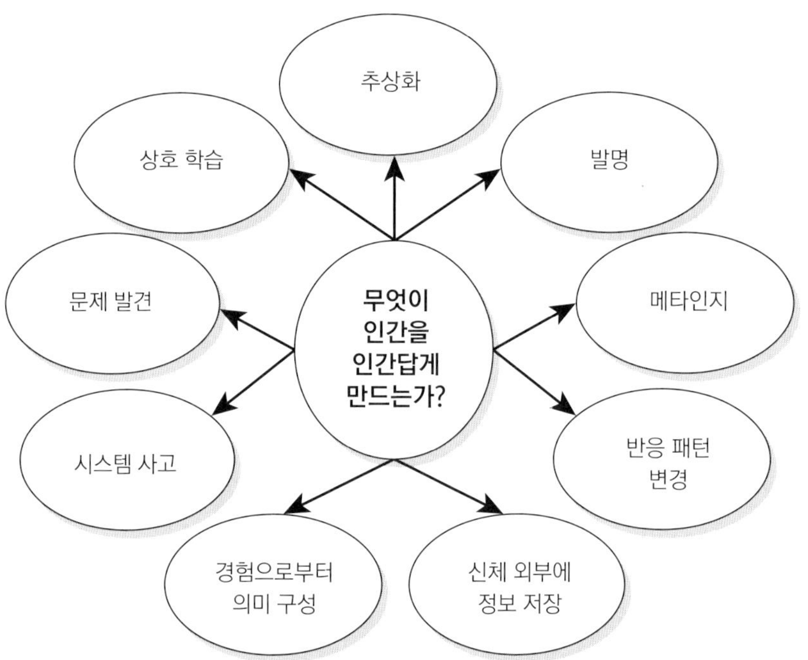

[그림 4-1] 인간을 인간답게 만드는 것은 무엇인가?

출처: Stoll, Fink, & Earl (2002) (Costa, 1996에서 재구성함).

코스타(Costa, 1996)가 개괄한 인간의 이러한 특성은 학습 능력의 기초가 된다.

- **메타인지**: 인간은 자신의 사고 과정을 되돌아볼 수 있다. 전문가는 내적인 대화로써 자신의 사고를 그려 낸다. 즉, 자신의 이해 정도를 모니터링하며, 자신의 성과를 예측하고, 자신이 더 알아야 할 것이 무엇인지 판단하고, 아이디어를 조직하고 재구성하며, 다양한 정보 간 일관성을 확인하고, 더 잘 이해할 수 있도록 유추를 사용한다.
- **발명**: 인간은 창의적이다. 그리고 문제를 해결하는 데 있어서 도전 정신 때문에 외적보다는 내적으로 동기부여를 받는다. 인간은 더 나은 유창성, 정교성, 신기성(novelty), 엄격성(parsimony), 간결성, 장인 정신, 완벽함, 조화, 아름다움, 균형을 위해 끊임없이 노력한다.
- **추상화**: 인간은 언어, 이미지, 숫자 같은 상징을 사용하여 사건을 범주와 패턴으로 변환하는 능력이 있다. 이러한 상징적인 시스템은 사람들이 추상적으로 사고할 수 있도록 하고, 사고를 통해 세상을 규칙성 있게 정리하고 재정리하는 것을 가능하게 한다.
- **상호 학습**: 인간은 서로에게 관계 맺기를 갈망하는 사회적 생물이다. 인간은 서로의 이야기에 집중하며, 합의를 위해 노력하고, 자신의 신념과 이해를 다시 생각해 봄으로써 집단 속에서 가장 잘 배운다.
- **문제 발견**: 인간은 해결해야 할 문제를 발견하는 능력이 있을 뿐만 아니라 이를 즐기는 것처럼 보인다. 인간은 자신을 둘러싼 세상의 모호함과 이상함을 느끼고 의문을 제기한다. 일단 의심이 들면, 그들은 사물의 본질을 더 잘 이해할 수 있는 방법을 찾는다.
- **시스템 사고**: 인간은 전체에 집중하면서도 패턴, 일치, 불일치를 아는 능력이 있다. 이러한 능력으로 인간은 여러 관점을 고려할 수 있고, 한 요소를 변경하면 전체 시스템에 어떻게 영향을 줄 수 있는지 상상할 수 있다.
- **경험으로부터 의미 도출**: 인간의 가장 중요한 특성 중 하나는 자신의 경험을 성찰하고 경험으로부터 배울 수 있다는 것이다. 인간은 한

발 물러날 수 있으며, 자신의 행동을 모니터하고, 행동이나 신념을 수정할 수 있다.

- **신체 외부에 정보 저장**: 인간은 자신의 신체 이외의 장소에 정보를 저장·정리하고 그곳으로부터 정보를 인출한다. 동굴 벽화부터 책, 비디오디스크에 이르기까지 외부 저장과 인출 시스템은 인간 기억의 한계를 훨씬 뛰어넘는 정보에 접근할 수 있게 한다.
- **반응 패턴 변경**: 인간 행동의 일정 부분은 타고난 것일 수 있지만, 인간은 자신의 행동에 대해 의식적이고 계획적인 선택을 할 수 있다. 인간은 새로운 생각이나 이해를 바탕으로 자신의 반응을 학습하고 바꿀 수 있다.

인간은 어떻게 학습하는가

멜버른 대학교의 21세기 기능 평가 및 교수(The Assessment and Teaching of 21st Century Skills; ATCS, 2012) 프로젝트에서는 21세기에 국제적으로 요구되는 기능을 네 가지 범주로 분류했다.

- 사고하는 방식: 창의성, 비판적 사고, 문제 해결, 의사결정, 학습
- 일하는 방식: 의사소통과 협력
- 일의 도구: 정보통신기술(Information and Communications Technology: ICT)과 정보 소양
- 삶의 방식: 시민성, 삶과 직업, 개인과 사회적 책임

이 책의 초판에서 나는 "우리는 이미 학습이 어떻게 이루어지는지, 교사가 어떻게 가르치는지, 교육을 더 잘하기 위해 다양성에 어떻게 대처하는지 충분히 알고 있다."라는 데이비드 퍼킨스(David Perkins, 1992)의 의견을 강조했다. 그 이후로 인간의 학습과 관련된 지식에 많은 발전이

있었고, 그중 일부는 교육을 변화시키는 힘을 가지고 있었다. 교육자들이 당면한 과제는 학생들이 선호하는 미래의 시민으로 자랄 수 있도록 돕기 위해 학습에 대한 새로운 이해를 적용하는 것이다. 소수의 학생이 아닌 모든 학생이 학습하게 될 미래 말이다. 학생들은 언어와 수학의 기초 기능뿐만 아니라 정보에 접근, 해석 및 적용하는 기술, 비판적 사고와 분석, 창의적 문제 해결, 정보에 근거한 판단, 독립적으로 그리고 그룹으로 일하는 것, 모호한 상황에서 적절한 행동 방향을 파악하는 것, 21세기의 삶을 위한 무수한 기능 등 광범위한 새로운 기초를 학습하게 될 것이다.

학습은 정적이지 않다. 학습은 정보를 공통점과 차이점, 유사성과 규칙성의 패턴이나 스키마에 맞추는 반복적인 과정을 통해 배우고 계발되는 역동적인 과정이다. 미국의 국립학술연구원(National Research Council)에서 인지와 발달 과학에 대한 영향력 있는 문헌 연구를 종합한 『학습과학: 뇌, 마음, 경험 그리고 교육(How People Learn: Brain, Mind, Experience and School)』(Bransford, Brown, & Cocking, 2000)은 사람들이 학습하는 방식을 뒷받침하는 세 가지 원칙을 밝혔다.

① 학생들은 세계가 어떻게 움직이는지에 대한 선개념(preconception)을 가지고 교실에 들어온다. 학습을 계획하고 실천하는 데 있어서 학생들의 선개념에 대해 고려하지 않는다면 학생들은 새로운 개념과 정보 파악에 실패하거나, 시험을 목적으로 학습하더라도 교실 밖으로 나가면 이전의 선개념 상태로 되돌아갈 것이다.
② 탐구라는 측면에서 학생의 역량을 계발하려면, 학생들은 사실적 지식에 대한 심층적인 지식 기반을 갖추어야 하고, 개념적 틀 안에서 사실과 아이디어를 이해할 수 있어야 하며, 내용의 인출과 적용을 촉진하는 방식으로 지식을 조직화해야 한다.
③ 수업에서 메타인지를 활용하는 것은 학생들이 학습 목표를 설정하

고 이를 달성하기 위해 자신의 학습 과정을 모니터링하게 함으로써 학습의 주도권을 갖게 도울 수 있다.

이러한 원칙들은 학습자가 새로운 정보를 이해하고 자신이 이미 알고 있는 것에 새로운 정보를 통합하려고 시도하는 상호 과정으로 학습을 설명한다. 학습은 수동적인 과정이 아니다. 성인의 사고가 새로운 아이디어를 빨아들이는 스펀지가 아닌 것처럼, 학생의 사고는 지식을 곧장 받아들일 수 있도록 어떤 아이디어도 없는 상태로 존재하는 것은 아니다. 초기부터 유아의 사고는 능동적이며, 유아는 자신을 둘러싼 세상을 이해하기 위해 노력한다. 시간이 지남에 따라 이러한 의미 형성(sense-making) 활동은 의식적인 집중, 아이디어의 조직과 재조직, 새로운 아이디어의 동화 또는 조절, 아이디어를 일관성 있는 패턴으로 연결하기 위해 재편성하고 재조직하는 것으로 이루어진다. 학습은 누군가가 무엇에 집중하거나 무엇이 그 사람의 주의를 끌 때 의식적인 수준에서 시작된다. 무엇이 일단 의식에 들어오면, 인간의 사고는 이를 정리하고 이미 알고 있는 것과 연결 짓기 위해 작동한다. 여기에는 정보 처리, 기억이나 경험으로부터 정보를 검색하고 인출하기, 새로운 정보와 선지식의 일치 여부 확인하기, 이해 정도를 모니터링하기, 아이디어를 재구성하기, 새로운 정보가 무엇을 의미하며 그것이 어디에 적합한지 결정하는 것이 포함된다. 이 모든 활동은 매우 빠른 속도로 이루어진다. 일반적으로 학습자는 이 과정을 완전히 의식하지는 못한다. 어쨌든 인간의 외부에 존재하는 풍부한 정보는 개인 내적 지식의 일부가 된다. 인간은 아이디어를 서로 연결 지음으로써 정보를 효율적으로 인출하고 사용할 수 있도록 내적 표상, 즉 정신적 지도를 구성한다. 학습이 진행됨에 따라 학습자들은 해당 분야에 관련된 기본적인 규칙이 습관화(automatic)될 때 이를 넘어서게 되고, 그 영역에서 수월함을 느끼고, 행동하고, 무슨 일이 일어나는지 판단하고, 성찰하고, 새로운 전략을 설계하고, 다시 행동함으로써 자신의 이해를 구축한다. 이것이 교실과 학교에서 일어나는 '일(stuff)'이다.

교사들은 수업과 교실 활동을 설계하기 전에, 학생들이 생각하는 것이 무엇인가에 대한 감각을 가질 필요가 있다. 학생들은 무엇을 진실이라고 믿는가? 이 과정은 '학생들은 정답 또는 오답을 알고 있는가?' 이상의 것을 포함한다. 이는 학생들의 사고를 가시화하고, 학생들의 관점에서 세상에 대해 구성해 온 이미지와 패턴을 이해함을 뜻한다(Earl, 2003). 이는 학습자가 새로운 연결을 형성하고 이러한 연결을 스키마/개념적 틀(conceptual framework)에 연관 지음으로써 새로운 정보를 효율적이고 효과적으로 인출하고 사용할 수 있도록 발판을 제공하기 위해 학생의 사고에 대한 정보를 사용하는 것을 의미한다. 존 해티(John Hattie, 2009)는 성취의 상관관계를 다룬 자신의 메타분석에서 다음과 같이 말한다.

> 학습에서 차이를 만드는 것은 특별한 방법이나 스크립트(script)가 아니라, 맞춤형 학습에 참여하게 하고 학생들이 자신의 학습에 얼마나 진척이 있는지 더 정확하게 파악하게 하며, 교사들의 전문적인 학습 및 교수 · 학습에서 다양하거나 효과적인 전략을 제공하는 적절한 방법과 시기를 보장하는 것이다. (p. 245)

학습에 대한 주목은 학생을 위한 폭넓고 깊이 있는 학습 그 이상의 많은 것을 밝혀냈다. 학습에 대한 지식의 변화하는 특성은 성인 학습 문제를 전면에 등장시켰으며, 교사들과 지도자들은 산더미 같은 새로운 배움에 직면했고 그들의 지식과 신념을 구성하고 재구성해야만 했다. 아마도 이번 판에서 추가된 가장 영향력 있는 내용은 모든 수준의 교육 시스템에서 새로운 학습의 중요성을 이해하고 재확인하는 학습 이론 연구의 기여에 있을 것이다.

이해를 위한 학습

만약 이해를 위한 학습이 학교 교육의 주된 목표(신념의 큰 변화)라면, 이해를 위한 학습이란 무엇인가? 개념을 떠올릴 수 있고 심지어 적용할 수 있는 것조차 아이디어가 이해되었음을 의미하지 않는다. 최고의 학교에 있는 최고의 학생을 포함하여 학생 대부분은 진정으로 이해하지 못한다(Gardner, 1991). 아이들은 너무나 자주 공식에 숫자를 대입하는 방식을 배우거나 복잡한 현상에 대한 설명을 암기하는 방법을 배우지만, 새로운 상황에서 그 개념을 접하게 되면 학습한 것을 어떻게 사용해야 하는지 모른다. 내용은 기억에 저장되어 있으며 이것이 들어맞을 때(가끔은 잘못) 인출된다. 불행하게도, 학생들은 자신이 공부해 온 교과(subjects)에 대해 그들이 이해한 것보다 훨씬 더 많이 알고 있으며, 너무 많은 오개념 혹은 잘못된 이해로 어려움을 겪는다(Perkins & Unger, 2000). 이해를 위한 학습은 알고리즘이나 규칙을 단순히 암송하는 것이 아니라, 근본적인 아이디어와 개념에 대한 심층적인 이해를 제안한다. 이해는 행동하는 지식이다. 이해한 학생들은 지식, 개념, 기능, 사실을 가져와 새로운 상황에 적절히 적용할 수 있다. 브랜스포드와 동료들(Bransford et al., 2000)은 아인슈타인(Einstein)의 상대성 이론을 사용하여 여러분에게 와닿을 예를 제시한다. 누군가가 $E=MC^2$를 이해한 증거는 무엇인가? 이 방정식을 암송하는 것은 방정식을 기억하고 있다는 것만 보여 줄 뿐, 이해했음을 보여 주지는 않는다. 이해에는 에너지, 질량, 빛의 속도, '제곱' 같은 수학적 개념에 대한 지식이 포함된다. 하지만 이것만으로 충분하지 않다. 이해한 사람은 증거로 이론을 뒷받침하고 이론이 해결하는 문제와 그것이 대체하는 이론 등을 규명하기 위해 물리학 법칙에 따라 이

> 새로운 통찰은 서서히 일어나지 않는다. 이는 문제를 바라보는 익숙한 방식에 도전하는 아이디어를 받아들이는 것에서 나온다.
>
> – 얼과 캐츠 (Earl & Katz, 2006)

러한 개념을 사용할 수 있어야만 한다. 심층적인 이해는 학문의 구조를 이해하고, 아이디어가 관련된 방식을 알며, 아이디어를 새로운 상황에 사용하고, 도전이 되더라도 학문적 주장(knowledge claim)을 평가하는 것이다.

주제나 아이디어에 관한 선지식은 새로운 아이디어를 연결하고 복잡한 정신적 모델을 구축하는 기반을 제공하지만, 아인슈타인의 예가 보여 주듯이 지식 그 자체가 이해를 보장하지 않는다. 아이디어에 능숙해지고 아이디어를 체계화한 정신적 모델을 만들기 위해 사람들은 고찰하고 있는 주제에 대한 방대한 지식과 경험이 필요하다.

전문가와 초보자의 차이를 규명하는 연구는 지식과 이해가 함께 어떻게 작용하는지에 대한 엄청난 통찰을 제공했다(Bransford et al., 2000). 확실히, 초보자는 전문가보다 지식과 기능이 부족하다. 그러나 가지고 있는 지식의 양이나 기능의 수만으로 전문가와 그렇지 못한 사람이 구분되는 것은 아니다. 전문가들은 무엇(사실 또는 기능)이 없거나 적합하지 않다는 것을 알게 되면 작동하는 잘 연마된 조절(regulatory) 시스템을 가지고 있다. 그들은 계획하고, 관리하며, 성찰한다. 자신이 가지고 있거나 부족한 지식과 기능을 알고 있으며, 이를 적극적으로 구현하거나 갖추기 위해 다양한 전략을 사용한다(Ertmer & Newby, 1996). 초보자는 중요한 지식이 부족하거나, 새로운 상황에 대한 이해를 제공하거나 전이할 수 있는 체계화된 구조나 개념 없이 많은 양의 분절된 지식을 암기했을 수 있다. 초보자는 아직 이러한 조직자가 없기 때문에, 사물의 체계를 알고 이후에 참조할 수 있는 지식과 스키마 계발에 도움이 되는 규칙이 필요하다. 시간이 지나면서 초보자들이 능숙해짐에 따라

> 연구는 '사용 가능한 지식'이 단지 분리된 사실을 단순히 나열하는 것과 같지 않음을 분명히 보여 준다. 전문가의 지식은 중요한 개념(예: 뉴턴의 제2 운동법칙)을 중심으로 연결되고 조직된다. 이는 그것이 적용되는 맥락을 알고 '조건화'되어 있음을 의미한다. 지식은 기억하는 능력이기보다는 다른 맥락으로의 이해와 전이를 뜻한다.
>
> – 브랜스포드와 동료들 (Bransford et al., 2000)

어떤 과정은 의식적인 집중 없이도 자동으로 수행된다. 이렇게 되면, 그들은 규칙을 엄격히 지키는 것을 넘어서서 그것을 응용하고 독특한 재능과 아이디어를 반영하여 자신만의 학습을 만들기 시작한다. 하지만 무엇인가 효과가 없는 것처럼 보이면 전문가들조차도 자기 모니터링과 수정을 위한 전략으로서 규칙으로 되돌아간다. 프로 테니스 선수가 서브를 넣는 장면을 상상해 보자. 서브가 성공하면, 에이스로 득점한다. 잘 안 되면, 전문가도 테니스 연습 코트에 가서 보조 도구로 비디오카메라를 사용하며 첫 번째 원칙으로 돌아간다.

전문가들은 중요한 개념을 중심으로 자신의 지식을 조직하고 분류하며, 지식이 자동화되어 그들의 사고에 존재하기 때문에 자신의 사고에 있는 사용하기 편리한 형태의 지식 구조를 이용한다. 이러한 자동화로, 전문가들은 여러 요인이 매우 복잡하게 상호작용하는 구조화되지 않은 세계에서 개념을 사용할 수 있다. 그들은 자신의 학습을 관리하고 숙달하기 위해 메타인지와 성찰을 이용한다. 아마도 가장 중요한 것은 그들은 자신의 학습 결과에 책임을 진다는 것이다. 그들은 다른 정보와 대조하여 자신의 이해도를 세밀하게 조정한다. 그리고 규칙으로 되돌아가거나 새로운 정보를 찾아야 할 필요성을 알리기 위해 자기 모니터링을 사용한다.

깊이 있는 이해를 자극하는 연결에 대해서 생각하는 것이 아주 복잡한 것은 아니듯이 각 개인이 독특하다는 점을 떠올리는 것도 중요하다. 인간의 다른 모든 특성과 마찬가지로, 학습은 학습자만큼이나 다양하고 다르다. 학습에는 유전, 경험, 관점, 환경, 재능, 관심, 능력, 필요, 삶의 특정 부분에서 예측할 수 없는 흐름이 서로 관련된다. 학습자들은 다양한 정서적 상태, 속도, 학습 양식, 발달 단계, 능력, 재능, 효능감, 여러 요구사항을 가지고 있다. 학습을 확장하도록 수많은 기회를 제공하는 것은 바로 이러한 다양성이다. 첫째, 생리학적 · 개인적 · 언어학적 · 문화적 · 사회적 배경의 차이를 인정하고, 둘째, 우리 모두를 인간으로 만드는 공통적인 특징에 집중함으로써 말이다. 그러나 모든 학습자에게 학습과 자기계발에 필요한 도전과 기회를 제공하기 위해서는 차이점도 반드시 고려되어야 한다.

학습은 어려운 활동이다

사람들이 새로운 학습에 참여하여 새로운 정보가 기존 아이디어 및 신념과 대체로 일치할 때, 새로운 정보는 보통 기존 지식과 쉽게 결합하고 기존 관점을 강화한다. 만약 새로운 정보가 기존 아이디어와 일치하지 않거나 상충하는 경우, 학습자는 기존에 가지고 있던 신념을 바꾸어야 할 수도 있다. 이런 일이 발생하면, 학습자는 부조화와 혼란을 경험하며, 학습을 계속 유지하기 위해 지속적으로 집중하고 에너지를 써야 한다. 이는 단순한 인지적 과정이 아니라 정서적 과정이다. 왜냐하면 모든 정보는 정보 그 자체가 미치는 영향과 학습자의 환경에 미치는 잠재적 영향을 평가하게 만들기 때문이다. 부조화는 불편함을 유발하지만, 개념적 변화에는 필수적이므로 중요한 학습이다. 학습은 이러한 부조화의 결과이다(Linn & Songer, 1991; Olsen & Bruner, 1996).

인지심리학자들은 수십 년 동안 사람들이 새로운 지식을 접할 때 반응하는 두 가지 방식을 두 가지 'A'—동화(Assimilation)와 조절(Accommodation)—로 기술해 왔다. 동화는 새로운 정보가 개인이 지닌 기존 아이디어 및 신념과 대체로 일치하고 기존 지식과 쉽게 결합하며 기존 관점을 강화할 때 일어난다. 만약 새로운 정보가 기존 아이디어와 상충한다면, 학습자는 기존의 신념을 바꾸어야 할 수 있다. 이러한 과정을 조절이라고 한다. 여기에 나는 세 번째 'A'—회피(Avoidance)—를 추가하고 싶다. 인간은 자신의 기존 신념체계를 지키고 유지하기 위해 노력하며 기존의 신념과 가치에 새로운 정보를 통합시키는 것을 피하려고 새로운 정보를 무시하거나 묵살한다.

이는 새로운 아이디어가 '같은 것' 또는 '이미 내가 한 것'으로 받아들여진다는 뜻이다. 이것은 실제로 새롭지 않은 아이디어들의 직접적인 동화일 수 있다. 때로는 과잉동화가 있기도 한데, 새로운 아이디어들을 익숙한 것이 되도록 재구성하여 이미 존재하는 것처럼 받아들이는 것이다. 새로운 아이디어의 회피는 기존 아이디어와 신념을 너무나 크게 변화시켜야 하거나 아이디어가 완전히 적합하지 않을 때 발생할 수 있다. 더피(Duffy, 2003)는 다음과 같이 주장한다.

> 만약 개인이 새로운 정보를 기존의 스키마/정신적 모델(mental model)에 연결할 수 없다면, 그 개인은 새로운 정보를 이해하기 위해 정신적 모델을 구성하거나 혹은 새로운 정보를 관련 없거나, 중요하지 않거나, 잘못된 것으로 간주하고 포기한다. (p. 31)

혁신을 촉진하는 새로운 학습은 능동적인 조절에서 나온다. 조절은 개념적 변화에 필수적이며, 그러므로 새로운 학습에 필수적이기에 힘든 일이다(Olsen & Bruner, 1996). 조절은 부조화와 혼란을 일으키며, 지속적인 관심과 에너지가 필요하다. 이는 인지적인 과정이 아니라 정서적인 과정인데, 모든 정보는 정보 그 자체가 미치는 영향과 학습자의 환경에 미치는 잠재적 영향을 평가하게 만들기 때문이다.

부조화 속에서 살면서 '진실로 받아들여지는' 관념에 도전하는 것은 힘든 일이다. 사람들은 자신의 내부에 있는 개념과 새로운 정보 사이에서 상대적인 안정성을 추구하는 경향이 있고 심지어 세상을 보는 방식을 방해하는 조건을 피할 수도 있다. 부조화를 넘어서 생산적인 학습으로 나아가는 것은 도전이다. 그러나 사람들을 부조화 속에서 살게 만들고, 무엇을 이해하지 못하는 불편함을 경험하게 하며, 기존에 가지고 있던 중대한 신념을 조정하도록 요구하면서까지 새로운 지식을 통합하는 노력을 하게 만드는 것은 무엇인가? 무엇이 학습에 동기를 부여하는가? 동기가 작동하는 방식을 이해하는 것은 배움을 유지하도록 주도하고, 자동적이며 평생 지속되는 학습 패턴을 구축하기 위한 비결을 제공한다.

분명히, 학습하려는 동기는 우리가 생각했던 것보다 더 복잡하다. 만약 학습이 주로 외적 보상에 의존하지 않는다면, 무엇이 학습에 영향을 미치는가? 그리고 그것은 어떻게 작동하는가? 동기 연구자들에 따르면, 학생들은 성공과 유능감(competence)에 동기부여를 받는다. 그리고 그들은 성공에 기여하는 것에 대한 자신의 믿음에 영향을 받는다. 학업 성취가 고정된 능력에 의해 결정된다고 믿는 학생들은 교사를 기쁘게 하고 유능하게 보이기 위해 수행 목표(즉, 성적)를 향해 노력할 가능성이 높다. 이 학생들에게 성적은 학교에서 인정받는 것으로 학습 그 자체보다 성적의 가치가 더 중요하다. 불행하게도, 이는 학생들이 쉬운 과제를 선택하려는 경향이 있고 일단 어려움에 직면하면 이를 지속할 가능성이 낮음을 뜻한다(Stipek: Shepard, 2000에서 재인용). 학업 성취를 자기 노력의 결과로 여기는 학생들은 학습 목표를 선택할 가능성이 더 높으며, 이는 학생들이 숙달된 감각과 유능해지고자 하는 욕구에 의해 동기가 부여된다는 것을 의미한다. 사람들이 성공하거나 실패할 때, 그들은 자신의 성공이나 실패를 '노력, 능력, 과제 요인, 운'이라는 다양한 방식으로 스스로 설명한다. 이들 귀인 요소 중 오직 첫 번째만이 적응적인 동기부여 경향을 촉진할 수 있다. 그 학생은 더 열심히 노력해서 성공할 것을 결정할 수 있다. '능력, 과제 난이도, 운'과 같은 다른 설명은 모두 학생이 통제할 수 없는 것들이다. 학생들이 자신의 성취를 통제할 수 있다고 생각하지 않으면, 학교에서 학습할 동기는 훨씬 감소한다. 자신을 유능한 사람으로 보는 정도는 새로운 학습을 시도하는 의지에 극적인 영향을 미친다. 사람들은 의식적으로든 무의식적으로든 '그것으로 인해 나는 얼마나 불편해질까? 얼마나 오랫동안 불편할까?' 같은 질문을 한다. 만약 학습 동기가 영향을 받을 수 있는 것이라면, 교육자들은 학생들이 자신의 배움을 고취한다고 믿는 것이 무엇인지 오랜 기간, 열심히 살펴볼 필요가 있다.

계속 실패하게 되면, 사람들은 배우고자 하는 동기를 잃고, 실패의 고통과 여러 사람 앞에서 굴욕을 당할 가능성을 어떻게든 피하고 자신의 무능함을 더 확인하지 않으려고 애쓴다. 본질적으로, 인간은 학습을 피해 스트레스를 줄이고 더 생각하지 않으며 저항함으로써 이러한 위협에 대처한다.

또한 너무 쉽게 성공해도 동기는 멈춘다. 에너지를 계속 소모할 이유가 없기 때문이다. 칙센트미하이(Csikszentmihalyi, 1990)는 능력이 부족한 사람이 쉬운 과제를 접하게 되면 무관심하게 되며, 반면에 능력은 뛰어나지만 과제가 도전적이지 않은 경우 그 사람은 지겹다고 느낄 수 있다고 설명한다. 도전 과제의 수준과 능력의 수준이 모두 높을 때, 인간은 '몰입'을 경험한다. 인간은 자신이 성공할 수 있다고 믿을 때, 어려움을 느끼더라도 기꺼이 새롭고 도전적인 일을 시도하려고 한다. 그러므로 지속적인 학습은 노력과 분명한 성공의 조합에 달려 있다. 학생들이 몰입할 때, 칙센트미하이(1990)가 설명하듯이 그들은 과제에 완전히

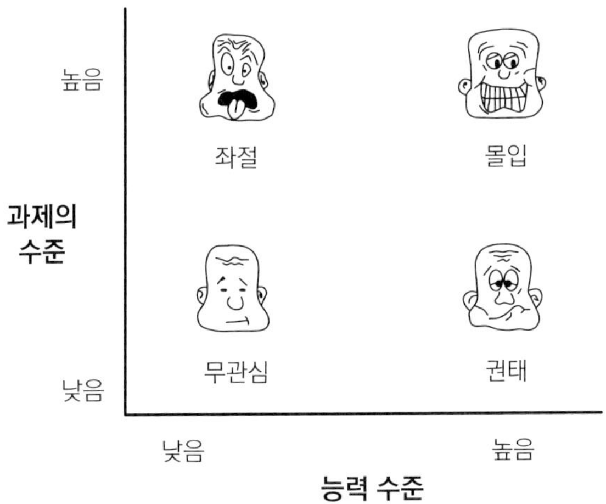

[그림 4-2] 동기에서 과제와 능력의 상관관계

몰두하며 새로운 학습이 아무리 힘들어도 목표를 향해 열심히 그리고 흔들리지 않고 노력할 것이다. 학습 동기는 지식이나 기능의 숙달에서 비롯되며 초기 열정은 더 높은 수준의 성취를 위한 씨앗이 될 수 있다.

반면에, 학습이 지루하고 불필요하거나 또는 학습에 실패의 위험이나 곤란함이 크다면, 학생들은 주변 어른이 유감스럽게도 자신에게 더 흥미로운 활동으로 시간을 보낸다.

빅스와 무어(Biggs & Moore, 1993)는 학습에 영향을 줄 수 있는 네 가지 동기에 대해 말했다. **외적** 동기(extrinsic motivation)는 동기의 원천이 외부에 있으며 피상적인 학습(surface learning)의 핵심이다. 외적 동기로, 과제는 긍정적이거나 부정적인 강화 결과를 제공하기 때문에 수행된다. **사회적** 동기(social motivation)는 학습자의 참여 동기를 형성한 사람(즉, 부모, 동료, 또는 교사)의 영향과 관련이 있다. **성취** 동기(achievement motivation)는 시험에 합격하거나 취업을 위해 학습하도록 추동하는 것이다. 이는 외적인 동기부여로서, 학업적인 성공을 만들어 낼지도 모르는 단순한 암기 학습과 같은 행동이 전형적인 예이다. **내적** 동기(intrinsic motivation)는 동기의 원천이 내부에 있으며 학습 자체를 위해 학습해야 할 필요성에서 비롯된다.

오랫동안 강화와 보상은 중요한 동기부여 요인(motivator)으로 간주되어 왔다. 과제에 대한 흥미가 낮을 때, 보상은 학습 참여와 과제 수행의 가능성을 높일 수 있다. 하지만 행동이 본질적으로 흥미로울 때 보상의 특성과 영향력에 대한 흥미로운 역설이 있다. 사람들은 본질적으로 흥미를 가지고 있기 때문에 보상 없이 어떤 행동을 할 때 주어지는 외적 보상은 오히려 수행을 저해할 가능성이 있다. 내적 동기가 높은 사람들은 외적 보상의 막중한 책임 체계에 직면하게 되면 내적 동기를 잃고 보상으로부터의 강화가 내적 동기를 대신하게 된다. 그러면 '보상 없이 하는 것이 중요한' 범주에 있던 어떤 행동으로 되돌리기 매우 어려우며, 그 행동을 더 자주 하는 것이 아니라 덜 하게 될 수 있다.

보다시피 학습은 지능에만 국한된 것이 아니다. 학습은 또한 매우 정서적이다. 대니얼 골먼(Daniel Goleman, 1995)이 자신의 저서 『정서 지능(Emotional Intelligence)』에서 언급했듯이, 사고와 이성(rationality)은 우리가 하는 의사결정의 원동력이지만 감정과 정서 지능은 어떤 선택지를 버리고 다른 선택지는 강조함으로써 의사결정을 능률적으로 하는 데 도움을 준다. 사고와 감정의 상호보완성은 머리와 마음이 조화를 이룰 수 있는 균형을 제공한다.

학습은 새롭고 알려지지 않은 것을 포함하기 때문에, 필연적으로 다양한 정서를 촉발한다. 새로운 학습으로 인해 실패의 위험, 불편함, 혼란스러움을 느낄 수 있는데, 이는 학습자가 새로운 아이디어를 이해하려고 애쓰기 때문이다. 골먼(1995)은 이를 변연계가 뇌의 나머지 부분을 사로잡는, 신체가 정서에 압도당하는(emotional hijacking) 경험이라고 설명한다. 이로 인해 학습자는 무력감을 느끼게 되고 자기방어적인 행동으로 과중한 일이나 학습을 피한다. 또한 정서적 압도는 몰입을 촉발할 수도 있는데, 학습자는 완전히 그리고 무의식적으로 학습과 수행의 즐거움에 빠진다(Csikszentmihalyi, 1990). 말할 필요도 없이, 사람들은 학습을 강요당하고 두려움과 불안을 느낄 때보다 자신의 학습에서 몰입을 경험함으로써 동기를 부여받을 때 더 많이 배우고 학습에 대한 흥미를 유지한다. 이러한 참여 상태는 편안한 경계심(relaxed alertness), 안전함의 인식과 도전적인 학습 경험의 조합에 기반한다.

학습은 맥락 속에서 일어난다

학습은 진공 상태에서 이루어지지 않으며, 학습자는 결코 백지 상태(tabula rosa)가 아니다. 학습자는 무엇으로 채워야 할 대상도 아니다. 그들의 사고는 계속해서 떠오르며 혼란을 겪기도 하고 이어진다. 그들은 사회적 · 물리적 환경 속에서 마주하는 모든 것에 도전하고 모든 것을 연결 짓는다. 이 과정은 이른 영아기부터 시작되며, 성장하면서 이들은 자신을 둘러싼 세상에 대해 일관되고 논리적인 패턴을 형성한다. 세상이 무엇인가에 대한 이들의 생각은 가족 그리고 공동체와의 상호작용에서 비롯된다. 초기 경험적 지식은 아동의 삶의 구조를 형성하고, 종종 변화에 매우 저항적이다. 이것은 삶이 그들에게 가르쳐 준 '것'이다. 학습자들은 그들 주변의 사람, 문화와 비교함으로써 자신의 신념과 생각(그리고 그들의 공동체와 문화의 신념과 생각)의 정확성을 판단한다. 이 판단 과정에는 보통 책, 미디어, 교사, 부모, 전문가가 포함된다. 공식적 · 비공식적인 사회적 상호작용은 학습과 학습에 대한 사람들의 신념에 중요한 공헌을 한다. 비고츠키(Vygotsky, 1978)는 학습을 사회적 과정으로 설명함으로써 학습에 대한 우리의 이해를 확장시켰다. 그는 다른 사람들로부터 배울 수 있는 능력이 인간 지능의 기본이라고 주장했다. 학습은 개인이 지식을 형성하는 과정을 통해 이루어질 뿐만 아니라 다양한 문화적 실천과 공유된 학습 활동에 참여하는 과정을 통해 일어난다. 지식은 가정(presupposition), 사상, 신념, 감정을 분명하게 하고 탐색할 수 있게 하는 공식적인 대화(dialogue) 또는 사적인 대화(conversations)를 통해 형성된다. 이러한 대화에서 새로운 아이디어, 도구, 실천이 만들어지고, 그 과정에서 초기 지식은 대체로 풍부해지거나 변형된다(Hakkarainen, Palonen, Paavola, & Lehtinen, 2004).

가정

학습은 개인적이며 사회적이다.

특히 학교에서 배움은 사회적 상황 속에서 발생한다. 이러한 사회적 환경의 본질은 학습이 어떻게, 왜 발생하며, 어떤 학습이 발생하는지에 심오한 영향을 미친다. 교실과 학교 환경은 학습에 더 친화적일 수도 있고 덜 친화적일 수도 있다. 사람들은 또한 한 상황에서 학습한 것을 다른 상황으로 전이하는 데 실패할 수 있다. 그러나 여러 다양한 상황 속에서 교과를 가르치고, 다루는 내용의 다양한 적용 가능성을 보여 주는 예를 포함한다면, 사람들은 발생하는 상황에 따라 유연하게 적용할 수 있도록 관련된 지식을 추상화하고 지식을 구성할 가능성이 높다. 아마도 가장 중요한 것은 학습 상황이 학습자의 동기부여와 정체성에 영향을 줄 수 있다는 것이다. 교사의 가치와 신념은 학생들이 교실에서 형성하게 되는 구조의 유형(the type of structure)에도 영향을 미치고 그들이 학생들에게 하는 반응에도 영향을 미친다. 아이들은 교사에 대해 통찰력 있는 관찰자여서 교사가 하는 차별 대우를 알아볼 수 있으며(Weinstein, 1998), 스스로 능력이 부족하다고 여기는 학생들의 동기를 빈번하게 낮춘다. 아이들은 한 교실 상황에서 다음 교실 상황으로 이동하면서 자신의 정체성을 지속적으로 형성하고 유지하며 능동적으로 발전시킨다(Pollard & Filer, 1999). 이는 시간의 흐름에 따른 관계 변화, 교실 내의 구조적인 위치(position), 상대적인 성공과 실패에 의해 학습자로서 학생들의 자아의식이 강화되거나 위협받을 수 있다는 뜻이다. 또한 교사의 기대, 학습과 교수 전략, 교실 조직 그리고 여러분이 곧 보게 될 것처럼 평가(assessment, evaluation)의 실천에 영향을 받을 수도 있다.

더 생각해 보기

1. 코스타(1996)가 밝힌 인간의 특성을 활용해서 교실 평가에서 여러분이 해야 하는 것(또는 할 수 있는 것)을 확인하는 마인드맵 활동을 할 때 [그림 4-1]을 조직자(organizer)로 사용하라.
2. 배운 것 중에 여러분에게 자동화된 것으로 무엇이 있는지 생각해 보라(예: 스포츠, 자동차 운전). 그것을 배울 때 어땠는가? 무엇이 그것을 잘하도록 도왔는가?

ASSESSMENT

제5장

평가와 학습

AS LEARNING

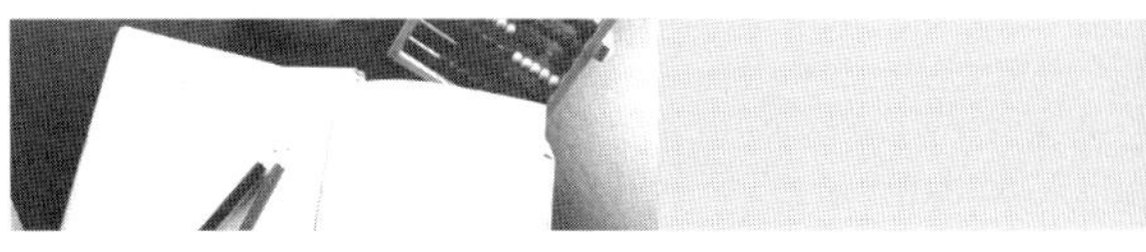

제3장에서 언급했듯이, **학습 결과에 대한 평가**는 여전히 대부분의 학교에서 지배적으로 이루어지고 있는 방식으로, 선택할 수 있는 평가 유형에는 시험, 에세이, 프로젝트가 있다. 교사들이 수업 중 질문이나 학생 관찰 등 비공식적 평가를 이용할 때도 이는 개별 학생을 판단하거나 판단을 확인하기 위한 것으로서, 학생에 대한 정보를 오랜 기간 보관하거나 향후 고려할 정보로서 보관할 방법을 찾는 경우는 거의 없다.

이 책에서 나는 학교와 교실에서 이루어지는 **학습을 위한 평가**와 **학습 과정으로서의 평가**가 보다 대등한 위치로 이동할 수 있도록, 평가에 대한 우리의 사고방식에 대해 중대하고 근본적인 변화를 제안한다. 이에 대해 제11장에서 다루고 있지만, 이 과정의 첫 단계는 오랫동안 우리 문화를 지배해 온 관점에 대한 대안적 관점을 이해하고 알아보는 것이다.

이 장에서 나는 평가가 학습의 핵심이 되어야만 하고 그렇게 될 수 있다고 믿도록 나와 다른 이들을 이끈 아이디어, 이론, 연구를 소개한다. 우리는 왜 그렇게 교실 평가가 중요하다고 생각하는가? 교실 평가는 학습과 어떻게 연결될 수 있을까? 교실 평가가 그렇게 효과적일 수 있다면, 어떤 방식으로 작동하는 것일까?

교실 평가가 학습에 주는 도움

교실 평가는 학생들과 그들의 학습에 언제나 어떠한 영향을 줄 것이다. 교사들은 평가를 사용하여 무엇을 가르칠 것인지, 누구에게 가르칠 것인지, 학부모에게 무엇을 전달해야 하는지, 학생들을 다음 학년으로 진급시켜야 할지 결정한다. 또한 학생들은 평가를 통해 개인적인 성취감, 자아존중감, 학교의 학업 참여 의지와 같은 것을 판단한다. 이는 학습과의 통합을 명백하게 보여 주며 지속적인 학습 전략과 기능의 발전에 영향을 준다. 궁극적으로 학생들이 교육에 부여하는 가치에 영향을 미친다. 평가가 이러한 영향을 미친다면 학습을 방해하기보다는 학습을 지원할 수 있도록 평가에 세심한 주의를 기울여야 한다.

> 평가가 학생의 학습을 형성한다면, 학생 평가는 형성적이다. 그러므로 만약 무언가가 결과를 좌우하게 된다면, 평가는 형성적이며, 정보는 그 정보가 없었을 때 일어났을 일을 바꾸는 데 사용된다.
>
> – 윌리엄 (Wiliam, 2006)

그러나 그저 교실 평가를 하는 것이 반드시 학습에 도움을 주는 것만은 아니다. 대부분의 교실 평가는 총합적인 **학습 결과에 대한 평가**라는 것을 떠올려 보라. 수행평가나 포트폴리오, 성취 기록을 사용하는 훨씬 더 아동 중심적인 접근법조차도 학생을 진정으로 발전하게 하는 평가를 사용하기 위한 작은 단계에 불과하다.

제1장에서 설명한 것처럼, 형성평가가 학습에 기여할 수 있음을 보여 주는 엄청난 증거는 1970년대 초부터 형성되어 왔다. 크룩스(Crooks, 1988)는 교실 평가가 학습에 단기적 · 장기적 영향을 미친다는 설득력 있는 사례 기반 연구를 수행했다. 단기적으로, 교실 평가는 다음을 가능하게 한다.

- 교과의 중요한 측면에 초점 맞추기

- 학생들이 기능을 연습하고 학습과 통합할 수 있게 하는 기회 제공
- 심화된 교육 활동이나 학습 활동 안내

중 · 장기적으로 평가는 다음을 가능하게 한다.

- 학생들에게 학습자로서 동기부여와 그들의 능력에 대한 인식에 영향을 줌
- 성취 기준과 목표하는 수행 기준을 포함한 교수 목표 전달 및 강조
- 학생들의 학습 전략, 기능 및 학습 패턴의 선택과 계발에 영향을 줌
- 학생들의 후속 교육과정, 활동 및 직업에 영향을 줌

영국의 평가개혁단(Assessment Reform Group, 1999)은 학생의 학습을 강화하기 위한 평가에 집중해야 함을 지지하는 의제를 추진하고, 공적 메시지와 함께 여러 증거를 제시했다.

> 결과는 명확하고 논쟁의 여지가 없는 메시지였다. 교실에서 학습 촉진을 위해 사용되는 평가 방법의 효과를 높이기 위해 고안된 계획은 학생들의 성취도를 높일 수 있다는 것이다. (p. 4)

이들은 학습을 촉진하는 교실 평가를 다음과 같이 설명한다.

- 교사의 교수 관점 또는 학습 관점에 필수적인 부분으로 포함되어 있다.
- 학생들과 함께 학습 목표를 공유하는 것이 포함되어 있다.
- 학생 자신이 목표하는 기준을 알고 인지하도록 도움을 주는 것을 목표로 한다.
- 학생들이 자기 평가(self-assessment)에 참여하는 것이 포함되어 있다.

- 학생들이 다음 단계가 무엇인지 알고, 어떻게 다음 단계에 도달할 수 있는지 알도록 이끄는 피드백을 제공한다.
- 모든 학생이 향상될 수 있다는 확신을 바탕으로 한다.
- 교사와 학생 모두 평가 자료에 대해 성찰하는 것을 포함한다.

(Assessment Reform Group, 1999, p. 7)

블랙과 윌리엄(Black & Wiliam, 1998) 또한 다음과 같은 몇 가지 방해 요인을 확인했다.

- 학습의 질보다는 과제와 발표의 양을 평가하는 교사의 경향
- 성적 향상을 위한 조언을 제공하는 것보다는 학생의 자존감(self-esteem)을 낮추는 경향이 있는 채점과 등급 산정에 더 많은 관심을 기울임
- 잘하지 못하는 학생들을 의기소침하게 만드는 학생 상호 간의 비교를 강하게 강조함
- 교사의 피드백은 학생이 효과적으로 학습하도록 돕기보다는 보통 사회적이고 관리적인 목적으로 제공됨
- 학생의 학습 요구에 대해 충분히 알지 못하는 교사

학습에 평가를 포함하는 것은 학생들의 참여와 동기에 주의를 기울이는 것을 의미한다. 이는 연결을 형성하고, 학습의 진행과 학습 목표에 주목시키며, 수업과 평가의 관계를 계획하고 연결 짓는 것을 의미한다. 이는 학생들을 전체뿐만 아니라 개별적으로 생각함을 의미한다. 중요한 아이디어를 강화하고, 차이나 오해를 파악하게 하며, 학생들이 명확하게 이해하도록 이끄는 학생들의 신념을 형성하게 함을 의미한다.

이 책 초판의 제목을 '학습 과정으로서의 평가(Assessment As Learning)'로 정했을 때, 나는 내가 중요한 아이디어에 대해 고심하고 있음을 알

았다. 하지만 이는 여전히 다소 불분명했다. 이제 나는 왜 **학습 과정으로서의 평가**가 학생의 학습에 진정한 변화를 만드는 핵심 열쇠라고 믿는지 더 잘 설명할 수 있을 것 같다. **학습을 위한 평가**의 개념은 내 생각을 사로잡은 매우 강력한 개념이었다. 그리고 나는 학생들이 배우고 교사가 가르치는 방식을 변화시키는 그 힘의 이면에 있는 심리가 궁금했다. 인간이 학습하는 방법에 대한 원리를 제시한 브랜스포드, 브라운, 코킹(Bransford, Brown, & Cocking, 2000), 보스니아두(Vosniadou, 2001)의 연구는 내게 **학습 과정으로서의 평가**에 대한 아이디어를 뒷받침하는 근거와 용어를 주었다. 학습은 학습자의 적극적인 참여를 요구하고, 주로 사회적 활동이며, 새로운 지식은 이미 이해하고 믿는 것에 기반하여 구성된다(Vosniadou, 2001). 해티(Hattie, 2009)는 다음과 같이 말했다.

> 사람들은 문제를 이해하고, 추론하며, 기억하고, 해결하는 데 도움이 되는 효과적이고 유연한 전략을 사용함으로써 학습한다. 학습자는 자신의 학습을 계획하고 모니터링하는 방법, 자신만의 학습 목표를 설정하는 방법, 실수를 수정하는 방법을 알아야 한다. …… 그리고 전문지식을 쌓기 위해서는 학습에 상당한 시간과 연습 기간이 소요된다. (p. 246)

학습 과정으로서의 평가는 학습자가 자신의 학습에 책임감을 가지고 앞으로 나아갈 방법을 결정하는 메타인지적 과정이다. 사실, 이것이 학습의 과정이다. **학습 과정으로서의 평가**의 궁극적인 목적은 학생들이 성장하는 독립심을 메타인지적으로 인식할 수 있도록 기능과 사고 습관(habits of mind)을 습득하는 것이다. **학습 과정으로서의 평가**는 학생이 자신에 대한 최고의 평가자가 되도록 학생의 능력을 분명히 길러 내는 것에 집중하지만, 교사는 학생들에게 학생 스스로 평가할 수 있는 외부적이고 구조화된 기회를 보여 주고 모델링하는 것으로 시작할 필요가 있다.

교수와 학습에 있어 필수적인 부분으로서 평가

평가가 전부가 아님은 명백하다. 그러나 평가가 교수 · 학습 과정의 필수적인 부분이 되어야만 한다는 점은 분명히 해야 한다. 교사들이 학생들을 참여시키고 학생들의 독립심을 촉진할 때, 학생들은 자신의 학습을 현명하게 잘 수행할 수 있도록 하는 도구를 얻는다. 독립적인 학습자가 되기 위해서, 학생들은 정교하게 조합된 기능, 태도, 성향을 계발해야 한다. 자기 모니터링과 평가(evaluation)는 단기간에 자발적으로 계발되지 않는 복잡하고 어려운 기술이다. 다른 복잡한 기술과 마찬가지로, 메타인지적으로 인식하려면 교사는 모델링과 가르침이 필요하고, 학생은 연습이 필요하다.

가정

학생들은 자신의 학습과 의사결정에 적응적이며, 탄력적이고, 독립적일 수 있다.

학습 과정으로서의 평가를 통해 독립적인 학습자의 발달을 촉진할 때 교사의 역할은 다음과 같다(Earl & Katz, 2006).

- 자기 평가(self-assessment) 기능을 모델링하고 가르치기
- 학생들이 목표를 설정하고 목표를 향한 자신의 발전을 모니터링하도록 안내하기
- 교육과정 목표를 담고 있는 사례와 좋은 수행 모델, 수준 높은 활동 결과물을 제공하기
- 좋은 수행의 명확한 기준을 학생들과 함께 만들기
- 학생들이 자기 생각의 타당성을 확인하고 질문하며, 새로운 것의 학습에 있어서 모호함과 불확실함에 익숙해질 수 있도록 스스로 피드백하거나 자기 모니터링하는 방법을 안내하기
- 학생들이 자신감 있고 유능한 자기 평가자(self-assessor)가 될 수 있도록 주기적으로 도전적인 연습 기회를 제공하기

- 학생들의 학습뿐만 아니라 메타인지 과정을 모니터하고 서술적 피드백을 제공하기
- 학생들이 안심하고 도전할 수 있으며 쉽게 지원을 받을 수 있는 환경을 조성하기

평가가 학습의 필수적인 부분으로 간주되는 교실은 여타 교실과 매우 다르다. 학습의 한 부분으로 평가를 보는 새로운 평가관을 가진 교사들은 다른 것은 그대로 두면서 평가만을 바꾸는 것이 불가능함을 깨닫고 있다. 평가가 바뀌면 수업, 교실 조직 그리고 학생과 학부모와의 상호작용도 달라진다.

학습 과정으로서의 평가는 교사에게 사적인 활동이 아니며, 물론 정부가 통제할 수 있는 과정도 아니다. 교사와 학생이 학습에 유용한 방법으로 수행을 평가하고 기술하며 학생들이 다음에 무엇을 해야 할지 스스로 결정할 수 있는 기능 계발에 도움을 주기 때문에, **학습 과정으로서의 평가**는 학생과 학부모의 참여가 요구되는 매우 개인적이고 반복적이며 점진적으로 발전하는 대화이다.

학습을 최적화하는 평가의 힘을 깨닫기

제1장에서 언급했듯이 학습을 향상하는 평가의 힘을 깨닫는 것은 처음 예상했던 것처럼 간단하지 않다. 다수의 연구자는 몇 년에 걸쳐 교실에서 이루어지는 평가의 성격을 바꿀 형성평가 시스템의 핵심 구성 요소를 밝혀 왔다. 리히, 라이언, 톰슨, 윌리엄(Leahy, Lyon, Thompson, & Wiliam, 2005)은 형성평가의 잠재력을 최대한 활용하는 방법을 다음과 같이 설명했다.

- **학생들과 함께 학습 의도와 성공 기준을 명확히 하고 공유한다.** 예를 들어, 몇몇 교사는 이전 학생들이 완성한 과제 샘플을 공유하고 현재 학생들에게 어떤 것이 잘된 것이고 어떤 것이 부족한지, 왜 그런지 토론하게 한다.
- **효과적인 교실 토론, 질문, 학습 과제를 설계한다.** 잘 계획된 질문은 학생들을 생각하게 하고 교사가 수업을 조정할 수 있도록 정보를 제공한다. 교사는 모든 학생을 참여하게 하고 몇몇 학생이 아닌 반 전체 학생의 이해도를 확인할 수 있는 효과적인 질문을 사용할 필요가 있다.
- **학습자를 성장하게 하는 피드백을 제공한다.** 학생이 성장하는 데 필요한 사항을 다루는 피드백은 적절한 때에 루브릭과 연결되어, 문자로 제시되는 성적보다 더 효과적으로 학습을 촉진한다.
- **학생들을 학습의 주인으로 활동하게 한다.** 예를 들어, 학생들이 합의한 성공 기준을 사용하여 자신의 과제를 평가하게 한다.
- **학생들이 서로에게 교육적 자원이 되도록 격려한다.** 동료 평가와 피드백은 교사가 제공하는 피드백보다 학생들의 마음을 끌며 학생들에게 더 쉽게 수용된다.

해티(2009)는 교육의 수월성을 향한 여섯 가지 지침을 통해 이러한 아이디어를 강화하고 복잡성을 강조한다.

- 교사는 학습에 가장 강력한 영향을 미친다.
- 교사는 방향을 안내하고(directive), 영향력 있고, 보살피며, 가르치고 배우는 열정에 적극적으로 임해야 한다.
- 교사는 모든 학생이 생각하고 아는 것에 대해 인식해야 하고, 이러한 지식에 비추어 의미와 의미 있는 경험을 구성해야 하며, 각각의 학생이 교육과정의 단계를 점진적으로 밟아 나갈 수 있도록 유의미

하고 적절한 피드백을 제공할 수 있는 충분한 내용 지식과 이해를 갖추어야 한다.

- 교사는 학습 의도와 성공 기준을 알아야 하며, 모든 학생이 이러한 기준을 얼마나 잘 달성하고 있는지 알아야 한다. 그리고 학생들의 현재 지식과 이해 수준 그리고 성공 기준의 차이를 고려하여 다음 단계는 어디로 갈지 방향을 파악해야 한다. 지금 어디로 향해 가고 있는가? 어떻게 가고 있는가? 다음에는 어디로 가야 하는가?
- 교사는 하나의 아이디어를 여러 아이디어로 발전시킬 필요가 있다. 학습자가 지식과 아이디어를 구성하고 재구성할 수 있도록 그들의 아이디어를 확장하면서 연계해야 한다. 중요한 것은 지식이나 아이디어가 아니라 학습자가 지식이나 이러한 아이디어를 구성하는 것이다.
- 학교의 리더와 교사는 실수를 배움의 기회로 기꺼이 받아들이고, 잘못된 지식과 이해를 버리는 것을 환영하며, 구성원들이 안심하고 배우고 다시 배우며 지식과 이해를 탐구할 수 있는 학교, 교직원실, 교실 환경을 조성해야 한다. (p. 239)

다음 장에서 나는 학생들의 학습이 향상되도록 하는 평가의 사용을 의도적으로 보여 주기 위해 이러한 전략을 하나 또는 그 이상 사용한 경우를 강조한 다양한 교사와 상황의 사례를 제시할 것이다. 특정한 아이디어를 강조하기 위해 사례를 각각의 장으로 구성했지만, 이 사례들은 평가의 역할에 대한 다양한 통찰력을 제공할 것이다. 각 사례는 학습을 목표로 하는 평가에 대한 통합적이고 전체적이며 신중하게 준비된 접근 방식을 보여 준다. 종합해 보면, 우리는 이 사례들을 통해 좋은 평가의 모습은 어떠하며, 학습에서 진정한 성공을 거둘 수 있도록 평가가 언제 설계되어야 하는지 알 수 있을 것이다.

더 생각해 보기

1. 이 장에서 여러분이 이미 가지고 있는 신념을 강화하는 내용을 보았는가? 여러분의 신념에 도전하는 내용은 무엇인가?
2. 학교에서 학습 과정으로서의 평가를 사용하는 데 있어서 방해물은 무엇인가?

ASSESSMENT

평가를 사용하여 학생들이 진실이라고 믿는 것을 파악하기

AS LEARNING

제4장에서 기술했듯이, 학습은 새로운 정보의 의미를 이해하고 이를 자신이 기존에 알고 있던 것과 통합하는 상호작용적인 과정이다. 학생은 항상 사고하며, 자신의 사고를 매 순간 강화하거나 바꾼다. 학생은 이미 배운 것과 경험한 것을 바탕으로 어떤 수업이건 수업 내용에 대해 나름의 믿음을 가지고 참여한다. 교사는 자신이 목표한 수업 및 교실 활동을 계획하기 전에 개별 학생의 생각을 이해해야 한다. 해티(Hattie, 2009)가 제시한 우수한 교육의 지표 중 하나는 교사가 개별 학생들의 생각과 선지식을 파악하고, 이에 비추어 의미와 의미 있는 경험을 구성하는 것이다. 학생들이 진실이라고 믿는 것은 무엇인가? 평가 과제는 학생이 지식과 기능을 효과적으로 사용할 기회를 제공하여 이를 통해 교사가 다양한 관점에서 지식과 기능을 파악하는 것을 도와준다. 교사는 학생들이 보일 수 있는 반응을 예상하기 위해 상세한 이미지가 필요하며, 이는 상당한 전문지식을 바탕으로 상상한 예측이다(Black, 1998).

학생들의 사고를 '보는' 과정에서 교사들이 겪는 주요 과제 중 하나는 학생의 생각을 알아내는 방법에 자신이 알고 있는 표준 평가 이외에 무수히 많은 방법이 있다는 것을 인식하는 것이다. 학습이 궁극적인 목적이라고 할 때, 교사는 자신이 조사하고자 하는 지식과 기능을 학생이 다양한 관점에서 사용하도록 하는 기회를 의도적으로 제공하여 개별 학생의 사고를 확인하는 메커니즘을 구성한다.

포켓 당구대 사례

학기를 시작할 때, 한 중학교 수학 교사는 자신이 만든 게임을 사용해서 수학 교육과정에 있는 개념들에 대해 학생들이 가지고 있는 지식과 이해의 깊이를 파악한다. 이 중 한 게임은 대수적 관계(algebraic relationships)에 대해 학생들이 공식적으로든 직관적으로든 개념화하고 있는 것을 확인하기 위해서 포켓 당구대를 변형해서 사용한다. 7학년과 8학년 수학 시간에 학생들은 4포켓 당구대 그래프를 받았다([그림 6-1] 참조).

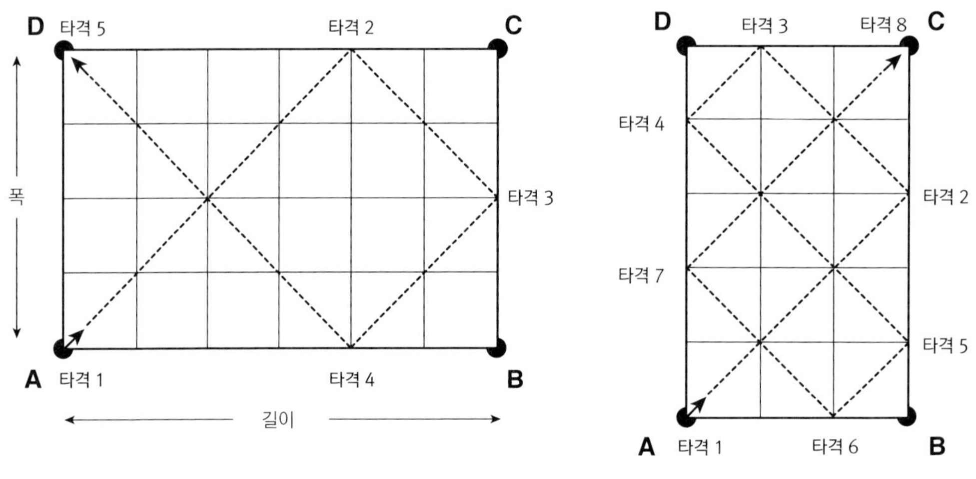

[그림 6-1] 당구대 과제

출처: Katz (1999).

학생들은 공이 항상 포켓 A에서 45° 각도로 출발하여 벽에 부딪힌 것과 같은 각도로 튀어나오며, 이는 포켓에 들어갈 때까지 계속된다는 이야기를 들었다. 학생들은 공이 통과한 정사각형의 수와 공이 벽에 부딪힌 수를 세었으며, 첫 번째와 마지막 타격은 시작 및 마지막 포켓이다. 그들은 다양한 차원의 표로 실험해 보고 관찰한 것을 차트에 기록했다(〈표 6-1〉 참조).

〈표 6-1〉 연속한 타격 기록(당구대 과제)

길이	폭	공이 벽에 부딪힌 수	공이 지나간 정사각형의 수
6	4	5	12
3	5	8	15
5	4		
3	2		
8	4		

학생들은 (내가 표에 포함한 것보다 더 많은 데이터 조합으로) 데이터를 수집하면서, 관찰한 패턴을 기초로 하여 공이 벽에 부딪힌 수, 공이 지나간 정사각형의 수와 공의 종착점에 대한 추론을 시작했다. 몇몇은 이들 숫자 간 관계에 대한 일반화에 다다르기도 했다. 예를 들어, "부딪힌 수는 길이 수와 폭 수의 합을 이들의 최대공약수로 나누면 얻을 수 있다." 또는 "공이 지나간 정사각형의 수는 항상 폭 수와 길이 수의 최소공배수이다."라고 말했다. 다른 학생들은 이 같은 숫자 간에 존재하는 관계성을 발견하지 못한 채 각 경우에 대한 답을 얻기 위해 여전히 수를 세기만 했다.

학생들이 과제를 하는 동안, 교사는 교실을 돌아다니며 학생을 개별적으로 관찰하고 그들이 어떤 생각을 하고 있는지에 주목했다. 그는 멈추어서 질문을 할 때 학생들에게 적고 있는 답에 대해서 질문을 하는 것이 아니라 그들이 사고하는 과정에 대해서 질문했다. 그는 학생들에게 패턴에 대해서 생각해 보고 추론을 해 보도록 했다. 그동안 학생들의 이름이 적힌 종이 빈칸에 관찰 내용을 기록했다. 그는 이 정보를 가지고 다음 차시 수업을 어떻게 해 나가야 할지, 다음 수업에서 다룰 내용 요소에 따라 학생들을 어떻게 구성할지 결정했다. 어떤 학생들에게는, 그들이 확인한 일반화된 패턴을 나타내기 위해 대수 방정식의 공식적인 표

기법을 안내하는 내용으로 학습이 빠르게 진행되었다. 다른 학생들에게 그는 패턴을 찾을 수 있도록 연습 과제를 많이 사용하여, 발생한 패턴을 보고 매우 구체적인 방법으로 공식화하는 것에 도움을 주었다. 그는 구체적인 경험과 현상에 대한 직접적인 인식을 추상적인 표현으로 바꾸는 것의 중요성을 잘 알고 있었다. 당구대 과제는 교사에게 학생들의 생각을 알 기회를 제공했고, 수업, 자원, 모둠, 시간과 속도를 계획하는 출발점이 되었다. 그가 다른 개념으로 넘어가게 되면, 이 모든 것이 바뀔 것이다. 다시 한번, 그는 자신이 무엇을 할 것인지 결정하기 전에, 학생들이 무엇을 보고, 무슨 생각을 하며, 무엇을 이해하는지 볼 필요가 있었다.

학생들이 진실이라고 믿는 것에서부터 시작하기

학생들은 세상이 돌아가는 방식에 대한 선입관을 가지고 학교에 온다. 만약 우리가 학생들의 초기 이해에 개입하지 않는다면, 그들은 새로운 개념과 정보를 완전히 이해하는 것에 실패하거나, 당장의 목적(예: 시험)을 위한 내용을 암기하지만 학교 밖에서 가져온 그들의 선입관으로 되돌아갈 수 있다. 선입관은 종종 고정관념을 포함하며 단순화되어 있다. 그럼에도 이것은 새로운 개념과 정보를 통합하는 데 지대한 영향을 미친다. 교사가 개별 학생들이 무엇을 믿고 있는지 진정으로 파악하지 못하고 세상에 대한 그들의 관념에 직면하지 못하면, 학생은 많은 오해를 계속 고수할 것이고, 그중 일부는 학생이 이 선행 지식에 기초하여 더 복잡한 현상을 진정으로 이해하는 것을 불가능하게 만들 것이다.

평가는 학생들의 선입관을 볼 수 있는 창으로, 그들이 알고 있는 것뿐만 아니라 진실이라 믿고 있는 것을 찾아내는 방법이다. 교사는 수업의 출발점으로 사용하기 위해 학생들(개별적으로 그리고 집단으로)이 진실이라 믿고 있는 것을 정확히 이해해야 하며, 학생들의 개념이 변화하는 과정을 모니터하고 이에 맞추어 수업을 조정할 필요가 있다. 오류는 학생의 학습으로 들어가는 수단이다. 학생들의 불완전한 이해, 잘못된 믿음, 오해, 개념에 대한 단순한 해석을 이해하는 것은 학습 여건을 조성할 수 있는 몇 가지 단서를 제공한다. 선입관은 새로운 학습이 이루어지기 전에 다루어져야 하며, 특히 새로운 지식과 일치하지 않는 경우 학습자는 믿음을 바꿈으로써 새로운 정보에 적응해야 한다. 교사가 학생들이 무엇을 믿고 있는지, 그리고 그들의 생각이 오류가 있거나 단순하다는 것을 설득할 무엇인가를 알아낼 수 없다면, 학생은 선입관을 계속 고수하게 된다.

교사는 학생들이 알고 있는 것과 새로운 개념을 처리하고 이해하는 데 사용되는 전략에 대한 지속적인 정보가 필요하다. 진단 평가를 수업 활동에 포함하면 시간을 다른 데 쓰지 않고 평가 과제를 온전히 할 수 있다(Shepard, 1989). 또한 교사는 학생들이 가지고 있는 이미지에 더 가까이 갈 수 있다.

습지 사례

한 지역의 학교구에서 모든 8학년 학생이 취약지(fragile land)에 새로운 학교를 짓기로 한 시의 실제 결정에 대한 글을 쓰는 평가에 참여했다. 〈표 6-2〉는 학생들에게 주어진 과제이다.

지역구는 학생들의 수행을 평가하기 위해 〈표 6-3〉의 루브릭을 사용했다. 이러한 전형적인 채점 방식은 지역구의 책무성이라는 요구도 만족하고, 지역의 교육과정 자문단과 현장 교사들에게 초등학교에서 주의를 기울여야 할 문어(written language)의 차원(dimensions)에 대해 통찰을 제공했다.

〈표 6-2〉 습지 과제

배경 정보
최근 한 지역 학교 위원회는 새로운 초등학교인 셔우드 밀스(Sherwood Mills) 공립학교의 건설 제안에 대해 토론을 하고 있다. 제안된 학교 부지는 지난 세기 동안 많은 습지 생물의 서식지였던 셔우드 밀스 습지와 인접해 있다. 이 논쟁은 새로운 학교의 필요성과 습지의 보존에 초점을 두고 있다.
과제에 대한 설명
여러분은 다음과 같은 것을 하도록 요청받았습니다. • 셔우드 밀스 습지의 상태, 이 지역의 지역사회 학교의 필요성에 대한 데이터를 수집하세요. • 주요 문제를 파악하세요. • 학교 위원회가 셔우드 밀스 학교의 건설을 추진해야만 하는가에 대한 여러분의 의견을 작성하세요. • 여러분의 관점을 지지하는 그림, 그래프, 지도 등을 만들어서 여러분의 의견을 입증하세요. 개인적인 경험을 포함하여 주장을 강화하세요. • 그 건설안에 대해 권고안을 만들고 여러분의 입장을 타당화하세요. • 건설 제안에 대한 여러분의 의견, 의견의 근거 그리고 권고안을 포함하여 기사 초안을 작성하세요. • 초안을 다듬고 여러분의 관점을 강력히 드러내는 결론을 포함하세요.

재능 있는 대학원생이었던 한 교사는 이 과정에서 한 걸음 더 나아갔다. 그녀는 학생들이 앞으로 나아가기 위해서는 글쓰기의 과정 자체를 분석(unpack)해야 한다고 생각했다. 이 교사는 루브릭에 있는 정보는 유용하지만, 학생들이 다음에 무엇을 필요로 하는지 이해하는 데 충분하지 않다고 보았다. 그녀는 그론런드(Gronlund, 2000)의 교육 목표 분류학 인지 영역(Cognitive Domain of the Taxonomy of Educational Objectives)과 마자노와 동료들(Marzano et al., 1988)의 핵심 사고 기능(Core Thinking Skills)을 사용하여 학생들의 반응을 학습(그리고 교수)에서의 필요와 관련지어 생각해 보는 메커니즘을 고안했다.

〈표 6-3〉 지역구의 글쓰기 루브릭

8학년 수행평가: 습지				
속성/수준	1	2	3	4
어조	• 주의를 끌지 못함 • 본문은 진실성이 결여됨 • 어조가 거의 또는 전혀 없음	• 주의를 끌고 유지하는 데 거의 성공적이지 않음 • 본문은 그다지 설득력이 없고 진실하지 않음 • 어조가 최소한으로 드러남	• 주의를 끄는 데 꽤 성공적임 • 본문은 다소 설득력 있고 진실함 • 어조는 꽤 효과적임(분위기를 만들어 냄)	• 성공적으로 주의를 끌고 유지함 • 본문은 설득력이 있고 진실함 • 어조가 효과적으로 분위기를 만들어 냄
조직	• 계획의 논리가 제한적이고 흐름이 이해를 방해함 • 도입과 결론이 명확하지 않음 • 내용 간 연결문이 누락됨 • 단락이 없음	• 전반적인 계획이 논리적이고 흐름은 있으나 약함 • 도입과 결론이 약함 • 내용 간 연결문이 항상 사용되지는 않음 • 단락이 적음	• 계획의 전반적 논리와 흐름이 적절함 • 도입과 결론이 적절하고 서로 연결됨 • 내용 간 연결문이 필요할 때 사용됨 • 단락이 전체적으로 드러나지 않기도 함	• 계획의 전반적인 논리와 흐름이 우수함 • 도입과 결론이 탄탄하고 효과적임 • 내용 간 연결문이 적절하면서도 능숙하게 사용됨 • 단락 구성이 적절한 곳에 이루어짐

아이디어와 내용	• 주요 아이디어와 목적이 불분명함 • 글의 초점을 종잡을 수 없음 • 지나치게 단순화함 • 정보가 부정확함 • 출처의 내용을 짜깁기함	• 주요 아이디어와 목적을 파악할 수 있음 • 초점이 다소 결여됨 • 뒷받침하는 세부 정보가 예측 가능함 • 반복적이고 관련성이 없음 • 출처의 내용이 잘 종합되지 않음	• 주요 아이디어와 목적이 꽤 명료함 • 초점을 보여 주지만 어떤 부분은 결여됨 • 다소 흥미로움 • 뒷받침하는 세부 정보가 꽤 정확함 • 출처의 내용이 꽤 잘 종합됨	• 주요 아이디어와 목적이 매우 명료함 • 초점이 명확함 • 흥미롭고 독창적이며 통찰이 있음 • 뒷받침하는 세부 정보가 정확함 • 출처의 내용이 잘 종합됨
문법	• 문법이 학년 수준에 비추어 부족함 • 고급 문법이 최소한으로 있음	• 학년 수준에 적합한 문법 구사 • 고급 문법을 일관성 없이 사용	• 학년에 적합한 문법을 구사 • 고급 문법을 꽤 잘 활용함	• 학년에 적합한 문법을 훌륭하게 구사 • 고급 문법을 잘 활용함
언어의 효과적 사용	• 유창성 결여 • 문장의 길이와 구조에 변화가 없음 • 단어 선택이 제한적임 • 비유적 언어가 거의 없음	• 유창성이 조금 결여됨 • 문장의 길이와 구조에 변화가 거의 없음 • 단어 선택이 다소 제한적임 • 비유적 언어가 종종 사용됨	• 상당히 유창하고, 매끄럽고, 자연스러움 • 어떤 문장만 길이와 구조가 다양함 • 단어 선택이 일반적으로 적절함 • 비유적 언어가 제대로 사용된 편임	• 유창하고, 매끄럽고, 자연스러움 • 문장의 길이와 구조가 다양함 • 단어 선택이 적절함 • 비유적 언어가 효과적으로 사용됨

〈표 6-4〉는 그녀가 두 개를 결합하여 만든 조직자이다.

이것을 분석의 틀로 삼아 학생들이 어떻게 사고하고 있는지, 교사가 학생의 진보를 위해 무엇을 해야 할지에 대한 추가 통찰을 얻을 수 있었다. 교사들이 모여서 학생들의 보고서를 받아서 검토하는 상황을 생각해 보자. 이들은 보고서들을 검토하면서 각 학생을 상세히 진단하는 내용을 작성하고, 이를 다음 학기 계획을 세우고 학생들이 확실히 필요한 지원을 받을 수 있도록 하는 출발점으로 삼는다. 그들이 무엇을 배울 수 있는지를 보여 주기 위해서 (물론 가명 처리한) 어느 학생의 보고서를 넣었다. 조나선(Jonathon)이 편집자에게 보낸 편지는 [그림 6-2]와 같다.

공동 계획 회의의 한 부분으로, 교사 그룹은 지역구의 글쓰기 척도와 그의 사고에 대한 보다 상세한 고려사항을 이용해서 조나선이 쓴 답변과 마지막 편지를 분석했다(〈표 6-5〉 참조).

〈표 6-6〉은 앞서 설명한 틀에 근거하여 교사들이 관찰한 차이를 제시한 것이다.

〈표 6-4〉 습지 과제와 교육 목표 분류학 인지 영역(Gronlund, 2000), 핵심 사고 기능(Marzano et al., 1988) 간 연결 관계

습지 과제상의 질문	질문에 따른 인지적인 영역 구분 (Gronlund, 2000)	질문에 따른 마자노와 동료들(Marzano et al., 1988)의 핵심적인 사고 기능
1. 습지의 상태와 해당 지역의 지역사회 학교의 필요성에 대한 데이터를 수집하세요.	지식: 이전에 학습한 자료를 기억하기 • 환경 문제와 관련된 정보(해당 용어 포함)를 떠올리기 • 환경 문제와 관련된 사실을 식별, 정의 및 설명하기 이해: 자료의 의미를 파악하기 • 주요 문제 파악하기 • 읽기 자료와 토론에 제시된 사실의 요약, 순서화, 일반화, 추론, 설명 및 확장을 통해서 사실과 원리를 이해하고 있음을 보여 주기	정보 수집: 관찰을 통해서 정보 획득하기, 이유를 명확하게 하는 질문 만들기, 탐구를 통한 의미 만들기 • 기억: 적절한 정보를 꺼내기 위해 사용하는 활동과 전략들 • 환경과 혹은 습지 문제에 대한 선행 지식을 활성화 조직하는 기능: 정보를 이해할 수 있도록 혹은 효과적으로 제시될 수 있도록 정보를 배열하는 데 사용 • 유사점과 차이점을 파악하고 이 정보를 범주화하여 학생들이 정보를 가지고 의미를 만들어 내고 이해할 수 있도록 함
2. 주요 문제를 파악하세요.	이해: 자료의 의미를 파악하기 • 다른 말로 바꾸어 표현하고, 예측하고, 추론함으로써 사실과 원리를 이해하고 있음을 보여 주기 • 읽기 자료, 데이터, 웹사이트 등에 암시되어 있는 결과를 예측해 보기	분석하는 기능: 부분과 관계를 점검함으로써 기존의 자료를 명료화하기 • 친환경의 땅에 짓는 것과 지역 학교를 짓는 것에 대한 이슈에 관해 핵심 구성 요소를 파악하기 • 주요 아이디어를 파악하기

		초점화 기능: 헷갈리는 상황을 명료화하기 위해 문제를 정의하기 • 진술된 문제는 무엇인가 • 누가 문제를 갖고 있는가—왜 이것이 문제가 되는가 • 예를 제시하기
3. 지역사회 학교 위원회가 셔우드 밀스 학교를 지어야 할지에 대해 의견을 작성하세요.	적용: 배운 자료를 새롭고 구체적인 상황에 적용하기 • 개념과 원리를 새로운 상황에 적용하기 • 원인과 결과에 대해 예측하기	분석하는 기능: 부분과 관계를 점검함으로써 기존의 자료를 명료화하기 • 토론, 주요 논문, 1차 및 2차 자료들로부터 관계와 패턴을 파악하기
4. 여러분의 관점을 지지하는 그림, 그래프, 혹은 지도를 가지고 의견을 입증하세요. 개인적인 경험을 포함하여 주장을 강화하세요.	분석: 자료를 구성 요소로 나누어 조직의 구조를 명백히 드러내기 • 추론에서 논리적 오류를 인식하기 • 사실과 허구를 구별하기 • 사용 가능한 정보와 데이터의 적절성을 평가하기 종합: 부분들을 합해서 새로운 전체를 만들어 내기 • 신뢰할 수 있는 여러 출처로부터 수집한 정보를 모아 결론을 도출하기 • 다른 요소들로부터 배운 것을 문제 해결을 위한 계획에 통합하기	생성하고 통합하는 기능: 1차 및 2차 자료를 넘어선 정보를 추가하기 위해 선행 지식 사용하기 • 경험적 혹은 개념적 연결 • 귀납적 추론(관찰한 것과 다양한 사례를 분석한 것으로부터 논리적 설명 혹은 일반화 만들기) 혹은 연역적 추론(기존의 원리 혹은 아이디어를 논리적인 방식으로 확장하는 능력)을 통해 추론하기 • 선행 지식, 토론, 읽기 자료 등을 토대로 결과 예측하기. 세부 정보, 설명, 예시 또는 기타 관련 정보를 추가하여 학생의 이해를 돕는 것 및/또는 이해를 향상시키는 것은 학생이 새로운 정보를 기존 경험이나 지식과 연관시킬 수 있음을 보여 줌

5. 건설 제안에 대해서 여러분이 할 수 있는 제안을 생각해 보세요. 그리고 여러분의 입장을 타당화하세요.	종합: 새로운 패턴이나 구조를 만들어서, 부분들을 합쳐 새로운 전체를 만들기 • 신뢰할 수 있는 여러 출처로부터 수집한 정보를 모아 결론을 도출하기 • 다른 요소들로부터 배운 것을 문제 해결을 위한 계획에 통합하기 • 주제 혹은 의견과 관련된 정보를 분류, 수집, 재구조, 연결, 재조직, 재구성하거나 다시 쓰거나 요약하기 평가: 주어진 목적에 맞는 자료의 가치를 일련의 준거(이미 정해진 것이거나 스스로 수집한 것)에 비추어 판단하기 • 타당한 증거를 가지고 의견을 형성하기 위해 적절한 정보를 평가, 비교, 결론 도출, 대조, 기술, 구별, 해석, 혹은 정당화하기	분석하는 기능: 부분과 관계를 점검함으로써 기존의 자료를 명료화하기 통합하는 기능: 해결책과 관련된 부분들을 종합하는 능력 • 새로운 정보와 기존의 지식이 연결되어 의미 있는 연결을 만들어 냄 평가 기능: 아이디어의 합리성과 우수성을 평가하기 • 아이디어 검증–신뢰할 수 있는 1차 자료의 정보를 기반으로 아이디어의 진실성을 확인하거나 입증할 수 있는 능력
6. 건설 제안에 대한 여러분의 의견, 의견의 근거, 그리고 권고안을 포함하여 기사 초안을 작성하세요.	종합: 새로운 패턴이나 구조를 만들어서, 부분들을 합쳐 새로운 전체를 만들기 • 신뢰할 수 있는 여러 출처로부터 수집한 정보들을 모아 결론을 도출하기 • 다른 요소들로부터 배운 것을 문제 해결을 위한 계획에 통합하기	통합하는 기능: 해결책과 관련된 부분들을 종합하는 능력 평가 기능: 아이디어의 합리성과 우수성을 평가하기 • 준거를 세우기–아이디어의 가치와 논리를 판단하는 기준을 설정하기 • 신뢰할 수 있는 여러 출처를 통해 사실의 정확성을 검토하기

	• 주제 혹은 의견과 관련된 정보를 분류, 수집, 재구조, 연결, 재조직, 재구성하거나 다시 쓰거나 요약하기 평가: 주어진 목적에 맞는 자료의 가치를 일련의 준거(이미 정해진 것이거나 스스로 수집한 것)에 비추어 판단하기 • 타당한 증거를 가지고 의견을 형성하기 위해 적절한 정보를 평가, 비교, 결론 도출, 대조, 기술, 구별, 해석, 혹은 정당화하기	통합하는 기능: 해결책과 관련된 부분들을 종합하는 능력 • 재구조화–오래된 신념과 개념에 도전할 수 있는 새로운 정보를 가져오기. 학생들은 기존에 가지고 있던 신념이 결함이 있거나 타당하지 않을 수 있다는 것을 인식, 수정, 확장함
7. 초안을 다듬고 여러분의 관점을 강력히 드러내는 결론을 포함하세요.	종합: 새로운 패턴이나 구조를 만들어서, 부분들을 합쳐 새로운 전체를 만들기 • 신뢰할 수 있는 여러 출처로부터 수집한 정보들을 모아 결론을 도출하기 • 다른 요소들로부터 배운 것을 문제 해결을 위한 계획에 통합하기 • 주제 혹은 의견과 관련된 정보를 분류, 수집, 재구조, 연결, 재조직, 재구성하거나 다시 쓰거나 요약하기	통합하는 기능: 해결책과 관련된 부분들을 종합하는 능력 • 정보를 요약하는 능력

Final Draft Of Article

The city of ________, and the District School Board, have been debating the proposal of a new elementary school. The elementary school's site is to be on the ________ wetlands site, which is home to very rare, flora and fauna, and has been for the past century. This decision will be based on the need for the new school, and the preservation of the ________ wetlands.

I am strongly against the proposal to build this new school where the wetlands stand. The bog should be preserve d for natural history. It holds quiet a bit of geological history. It Carbondates to a melting glacier some 12,000 years ago. Also, it is home for a lot of very rare flora and fauna, which cannot be found in anyother place in ontario and ________.

The ________ wetlands existed from the time of mammoth's and mastadons, with being the only ________ location for over 21 native plants and other species, it is like an outdoor museum and it is educational for present and future generations. Also it is a "priceless legacy". The ________ wetlands is a high quality habitat and one of only two provincially signifigant wetlands in the city of ________.

The wetlands are signifigant due to the rareity in it's region. Proof of it's signifigance is that it is the only place in ________ which has gooseberry bushes, Tamaracks and mud peat. It is also home to the Northern Harrier and the Short-eared Owl.

The bog is 12,000 years old, Paul Maycot, a botany at ________ College, says to have "the mud to prove it".
James Bradley, an Enviroment minister, proposed that it could be a "three way participation" which would result to preserving the wetlands and the buffer zone. Gary Gallon, who is an assitant of James Bradley, says the cost of bringing property into public hands would be alot less than the original cost of $54 million dollars.
Dr. McAndrew's, who is a proffesor of botany and geology, and the curator of botany for the Royal Ontario Museum, says that a lot of questions can be answered by the study of the wetlands. Beth Bremner and Herb Rich say that the wetlands are "unbelievably unique," they also said that "they benefit to science, schools and public is truly obvious".
The CVCA want the rare flora and fauna to be re-examined and re-evaluated. The citizen's Commitee recommend a "mediator". Local politicians should visit the bog before making a final decision. There should be a re-evaluation based on information from a botanist. It could go to the OMB for final agreement seeing as it is taking over 10 years to make a decision. Local support from the community could make a difference. Arranging a land swap could work out as well.
The ________ wetlands should be preserved for educational Reasons. It is very interesting to have all the rare flora and fauna to learn about, and we need some kind of natural resource in our city, rather than buildings and what not.

[그림 6-2] 조나선의 편지

〈표 6-5〉 조나선의 점수 및 지역구의 글쓰기 척도를 사용한 근거

지역구의 글쓰기 척도와 학생의 점수	점수의 근거	학생의 보고서에서 발췌한 예시
어조 2+	• 꽤 성공적으로 주의를 집중시킴 • 설득하려는 시도는 있었으나 매우 일상적이고 설득력이 없음 • 어조가 잘 나타나지 않음. 독자의 반응(예: 지식, 이해, 통찰, 의견을 높이거나 태도의 변화)을 이끌어 내는 데 효과적이지 않음	"나는 습지가 있는 곳에 새로운 학교를 세우는 것에 강하게 반대한다. 늪지는 자연사를 위해 보존되어야 한다. 그곳은 꽤 많은 지질학적 역사를 지니고 있고…… 희귀 동식물의 서식처이다……."
조직 2+	• 단락들이 텍스트 전체에서 나타나지만 붙여 쓰거나 잘못된 위치에서 시작되는 경우가 있음 • 연결어가 명확히 드러나지 않음 • 구조에 대한 증거가 부분적으로 나타남(때때로 횡설수설함) • 도입과 결말이 있지만 약하고, 완전하게 연결되지 않음 • 도입은 원래의 질문을 단순히 재조직한 것임	"시와 교육청은 새로운 초등학교의 제안에 대해 논의를 해 왔다. …… 새로운 학교의 필요성과 습지의 보존에 대한 결정이 내려질 것이다." (도입) "교육적인 이유로 습지를 보존해야 한다. 건물 같은 것보다는…… 모든 식물군과 동물군이 있다는 것이 매우 흥미롭다."
아이디어와 내용 2	• 몇 가지 사실이 제시되었지만 논점이 분명하지 않음 • 글쓴이는 주제에 대해 계속 말하고 있지만 명료한 주제를 발전시키지 못함 • 보고서에 의견을 진술하고 있지만 의견을 확장하거나 이를 뒷받침할 이유를 제시하지 않으며, 추가 설명(개인 경험 및/또는 다른 글)으로 의견을 발전시키지 못함	"나는 새로운 학교를 짓자는 제안에 강력히 반대한다. …… 대학의 식물 전문가인 폴 메이콕트(Paul Maycoct)는 '이것을 증명할 진흙이 있다'고 말한다. 제임스 브래들리(James Bradley) 환경부 장관은 이 학교가 습지와 완충지대를 보존하는 결과를 가져올 '3자 참여'가 될 수 있다고 제안했다. …… 베스 브렘너(Beth Bremner)와 러치(Ruch)는 습지가 '믿을 수 없을 정도

	• 사실들이 분절적으로 제시되고 진술된 의견과 연결이 잘되지 않음 • 반대 관점을 참조하지 않음 • 보고서는 제공된 읽기 자료에서 가져온 많은 정보를 담고 있지만 출처로부터 정보를 종합하지 못함 • 일부 정보를 관련시키고자 하지만, 아이디어가 불완전하고 충분히 개발되지 않았기 때문에 관계가 명확하게 정립되지 않음(설명 분량이 제한됨)	로 독특하다'고 말하며, 또한 '과학, 학교, 공공에 대한 혜택은 정말로 명백하다'고 말했다."
문법 3-	• 적절한 철자법, 구두법 및 문법 규칙을 꽤 잘 구사함(동음이의어에서 약간의 어려움이 있음) • 고급 문법 구사에서 일부 불일치가 있음(예: 소유격을 정확하게 사용하거나 다양한 종속절을 사용하는 것) • 언어 관습에 대해 최소한에서 중간 정도의 검토/수정이 요구됨	"그 초등학교 터는…… 지질학적인 역사가 꽤 많이 남아 있다."
언어의 효과적 사용 2	• 텍스트는 상당히 매끄럽지만 가끔 유창성 면에서 실수가 나타나는 경향이 있음 • 읽기 자료에서 직접적으로 용어와 단어 선택이 이루어졌지만 종종 어색하게 사용되었거나 학생의 보고서에 부적절하게 사용됨	"CVCV는 희귀 동식물을 재검사하고 재평가하기를 원한다. 시민 위원회는 '중재자'를 추천한다. 지역 정치인들은 최종 결정을 내리기 전에 습지를 방문해야 한다. 식물학자의 정보에 기초한 재평가가 있어야 한다. 결정을 내리는 데 10년이 넘게 걸리는 만큼 최종 합의는 OMB로 넘어갈 수도 있다. 지역사회의 강경한 목소리가 차이를 만들 수 있다. 토지 교환도 잘 될 수 있을 것 같다……."

〈표 6-6〉 조나선의 '습지' 과제의 자세한 분석에서 확인된 간극

학생의 학습에서 나타난 간극: 준거는 지역구의 글쓰기 루브릭에서 가져옴
조직 • 구조에 대한 증거가 부분적으로 나타남(때때로 횡설수설함) • 도입과 결말이 있지만 약하고, 완전하게 연결되지 않음 • 도입은 원래의 질문을 단순히 재조직한 것임 아이디어와 내용 • 몇 가지 사실이 제시되었지만 논점이 분명하지 않음 • 글쓴이는 주제에 대해 계속 말하고 있지만 명료한 주제를 발전시키지 못함 • 보고서에 의견을 진술하고 있지만 의견을 확장하거나 이를 뒷받침할 이유를 제시하지 않으며, 추가 설명(개인 경험 및/또는 다른 글)으로 의견을 발전시키지 못함 • 사실들이 분절적으로 제시되고 진술된 의견과 연결이 잘되지 않음 • 반대 관점을 참조하지 않음 • 보고서는 제공된 읽기 자료에서 가져온 많은 정보를 담고 있지만 출처로부터 정보를 종합하지 못함 • 일부 정보를 관련시키고자 하지만, 아이디어가 불완전하고 충분히 개발되지 않았기 때문에 관계가 명확하게 정립되지 않음(설명 분량이 제한됨) 언어의 효과적 사용 • 텍스트는 상당히 매끄럽지만 가끔 유창성 면에서 실수가 나타나는 경향이 있음 • 읽기 자료에서 직접적으로 용어와 단어 선택이 이루어졌지만 종종 어색하게 사용되었거나 학생의 보고서에 부적절하게 사용됨
학생의 학습에서 나타난 간극: 습지 과제와 연결
• 고유의 환경 보호 구역 및 고성장 지역에 학교를 건설해야 할 필요성의 이슈에 대해 정보를 수집하는 데 어려움이 있음 • 습지, 환경 문제 등 선행 지식에서 학생의 이해에 차이가 있는지 의문임 • 주요 문제를 식별하는 데 어려움이 있는 것으로 나타남

- 진술된 의견(제공된 읽기 자료에서 무작위로 가져온 진술문으로 이 의견을 뒷받침하고 있음)은 개인의 경험과 연결점이 없음
- 의견이 입증되지 않음
- 제안 사항이 없음: 읽기 자료를 참고하기는 했지만 습지에 짓는 것을 왜 지지하지 않는지에 대한 구체적인 제언이 없음

학생의 학습에서 나타난 간극: 인지적인 영역 구분 및 핵심적인 사고 기능 (Gronlund, 2000; Marzano et al., 1988)과의 연결
• 환경 문제와 관련된 사실을 회상, 설명 및 확장하는 데 어려움이 있음. 경험적 혹은 개인적 연결(지식, 이해, 정보 수집, 조직 기능)이 없음 • 주어진 자료의 의미를 이해하고, 주요 문제를 파악하는 근거 자료로서 자료를 종합하는 데 어려움이 있음(이해, 분석, 초점화 기능) • 확실한 의견을 제시했지만 이용 가능한 출처로부터 의견을 뒷받침하는 면에서 어려움을 겪는 것으로 나타남. 사실들이 단편적으로 제시되고 출처와 잘 종합되지 않음(분석 기능, 생성 및 통합 기능, 분석) • 토론 및 주요 기사에서 관계 및 패턴을 식별하기 어려움(적용, 생성 및 통합 기능) • 의미 있는 연결을 위해 관련 정보(사전 지식 및 새로운 정보)를 통합하는 데 어려움이 있음(평가 및 종합, 분석 기능, 평가 기능, 통합 기능)

교사들은 그들의 분석에 근거해서, 조나선의 교사에게 여러 가지 제안을 했다. 그 내용은 〈표 6-7〉에 제시되어 있다.

이 두 가지 사례는 학생의 사고에 접근하기 위해서 평가가 어떻게 의도적으로 사용될 수 있는지에 대한 이미지를 제공한다. 이 과정은 자세한 정보를 제공하기 위해 주의 깊게 계획되었고, 평가, 교육과정 목표, 계획, 수업은 원활하게 이루어진다. 이 과정은 역동적이며, 교사는 학생들이 이미 알고 있는 것, 학생들이 알아야 할 것, 학생의 학습을 위해 교사와 학생이 함께 할 수 있는 것을 파악하는 것에 초점을 두고 다음 단계로 쉽게 이동한다.

〈표 6-7〉 다음 단계에서 조나선을 가르치기 위한 제안

- 그래픽 조직자(알고 있는 것, 알기를 원하는 것, 배운 것)를 사용하여 선행 지식을 활성화함으로써 학생이 알고 있거나 진실이라고 믿는 것을 확인하기
- 선행 지식을 새로운 정보와 연결하는 방법에 대해 수업하기
  - 직각 이미지를 이용해서 사고를 연결하기(right angled thinking)
- 다양한 상황에서 사용되는 중요한 용어와 구
  - 예: 독서 자료 토론 중 직접 교수법을 통해 '자연적으로 보존된, 역사적 장소'와 같이 논의와 관련된 다양한 용어를 식별하기
- 특정 의견을 뒷받침하기 위해 관련 사실을 사용하는 방법에 대해 수업하기, 사실은 다음과 같은 것을 해 준다는 것을 가르치기
  - 정보를 제공하는 내용에 한정적이다.
  - 사람이나 장소와 관련된 문제에 대해 정보를 제공한다.
  - 주장과 연관된다.
- 생태계의 취약성과 자연 서식지의 변화가 미치는 영향에 대한 이해를 강화하기 위해 원인-결과 순서를 사용하는 방법에 대해 수업하기

더 생각해 보기

여러분이 이미 사용하고 있는 평가 과제를 분석하여 과제에 포함된 선수학습 내용을 파악해 보라. 학생이 작업한 것을 보고 오개념을 가지고 있는 지점 혹은 과제를 수행하는 데 필요한 선행 지식이 부족한 지점을 파악하라. 추가로 필요한 정보는 무엇인가? 필요한 정보를 어떻게 얻을 수 있는가? 어떤 수업 전략들을 사용하면 개별 학생들의 학습에 비계를 만들어 줄 수 있는가?

ASSESSMENT

제7장

평가를 사용하여 학습 동기 부여하기

AS LEARNING

동기는 항상 학습의 핵심 요소였다. 간단히 말해서, 동기는 학생들이 어떤 과제에 기꺼이 쏟고자 하는 시간과 에너지에 영향을 준다. 하지만 우리가 학습 동기에 대해 일반적으로 알고 있는 대부분은 오랫동안 믿어 온 것들과 상반된다. 동기에 대한 우리의 견해는 1960년대와 1970년대의 행동주의 심리학에 큰 영향을 받았다. 이 이론은 보상(reward)과 처벌(punishment) 계획이 어떻게 행동을 강화하거나 소거하는지 설명한다. 학교에서 이 이론은 보상으로 학업 성취를 이루는 행동을 장려하고 처벌을 통해 학업 성취를 저해하는 행동을 제거하는 것으로 해석되어 왔다. 이 이론은 교실을 운영하는 방식에 깊이 뿌리박혀 의심할 여지가 없는 '진실'이 되었다. 평가는 성적의 형태로 보상과 처벌을 주는 메커니즘이었다(Stiggins, 2001). 점수는 동기를 부여하는 최고의 요소로 간주되었지만, 연구자들은 점수와 동기의 관계가 단순하지 않을 뿐만 아니라 예측도 가능하지 않다는 것을 발견했다. 점수는 일부 학생에게는 동기를 부여하고 다른 학생들에게는 오히려 동기를 떨어뜨리는 것으로 밝혀졌다(Stiggins, 1997). 일반적으로 잘하는 학생들은 성공 가능성과 또 잘함으로써 얻게 되는 칭찬으로 동기를 얻는다. 잘하지 못하는 학생들은 평가 과정, 심지어 학교까지 평가절하함으로써 실패 경험의 가능성을 회피한다. 시험에 실패하는 것보다 더 나쁜 게 뭐

> 학생들의 학습과 학업에 대한 자기가치감(self-worth)을 이끄는 평가는 교실에서 사용되는 평가들이다.
>
> – 스티긴스
> (Stiggins, 2001)

가 있겠는가? 시험에 통과하기 위해 열심히 노력해도 여전히 실패할 것이다. 잘하지 못하는 학생들은 어떤 노력도 하지 않음으로써 최소한 자신의 체면을 유지한다.

동기를 부여하는 평가

학습에 쏟는 고된 노력에 동기부여는 필수적이다. 학습 내용이 재미있고 활동이 즐거워도, 학습에는 지속적인 집중과 노력이 필요하다. 인지적 노력이 있어야만 새로운 학습이 이루어진다. 평가는 보상이나 처벌을 통해서가 아니라, 학생들의 내재적 흥미를 자극하고 위험을 감수할 필요가 있다는 방향과 자신감을 제공함으로써 동기 요인이 된다. 목표에 도달할 수 있는 도구나 능력이 없을 때, 학생들은 살얼음판 아래로 떨어진 사람과 같다. 스스로 올라갈 힘도 없이, 이들은 그저 손끝으로 매달려 구조되기를 기다린다. 역량을 키우고 학습을 촉진하려면 초기의 성공 경험을 통해 자신감과 능력을 쌓는 것과 비전을 점진적으로 실현할 수 있다는 인식이 모두 필요하다(Wiggins, 1998). 사람들은 성공과 자신감을 통해 학습 동기를 가지게 된다. 학생들은 자신의 학습에 대한 주인의식을 느끼고 선택권을 가질 때, 학습에 시간과 에너지를 더 쏟을 것이다. 평가는 보상과 처벌이 아니라 학생들의 내적인 흥미를 자극함으로써 동기 요인이 될 수 있다. 평가는 실패보다는 진보와 성취를 강조하고, 학습을 진전시키기 위한 피드백을 제공하고, 학생들이 자신의 학습에 대한 주도권과 책임감을 가지고 있다는 생각을 북돋우며, 위험을 감수할 수 있도록 자신감을 심어 줌으로써 학생들의 동기를 높일 수 있다. 평가는 적절하며 학생들의 상상력에 호소하고 진정으로 성공하는 데 필요한 발판을 제공함으로써 이 과정에 기여하고 동기를 부여할 수 있다.

적절한 평가

평가가 학생의 관심, 열정, 재능을 활용하고 학생들 앞에 놓인 세상의 모습(image)을 제시할 때, 학습 자체는 동기 요인이 되어 학생들을 학습에 참여하게 하고 격려한다. 리어 왕의 행동을 오늘날 어디에서 볼 수 있는지 알아보는 것이든 모차르트(Mozart)의 삶을 현재의 인기 작곡가의 삶과 비교하는 것이든 간에, 교육과정, 수업, 평가, 학생들의 일상생활을 연결하는 것은 학생을 사로잡아 학습에 끌어들일 수 있다. 평가는 별개의 것이 아니라 학생들이 연결 지을 수 있도록 수업과 학습에 얽혀 있어서, 학생들이 알고 있는 것을 강화하고 그들의 사고에 도전하게 한다.

상상력을 발휘하는 평가

아이들은 생생한 상상력을 가지고 있어서 실생활에서 이용할 수 없는 많은 가능성을 마음으로 볼 수 있다. 다양한 해결책과 접근법을 허용하는 서술형(open-ended) 평가는 타고난 흥미와 열정을 활용하여 학생들을 비판적 추론, 복잡한 문제 해결에 참여하게 하고 서로 이질적인 것들 사이에 새로운 연결을 만들거나 다른 방식으로 사물을 보는 데 지식을 적용하게 한다. 고정적이고 의심할 여지가 없는 지식은 거의 없기에, 상상력은 학생들에게 중요한 능력일 수 있다. 왜냐하면 학생들은 풀어내고, 탐구하고, 해결하기 위해 노력해야 하는, 복잡하고 풀릴 것 같지 않은 문제의 연속체로서 세상을 마주하기 때문이다.

학습에 발판이 되는 평가

학생들은 자신이 미래에 불확실한 것과 도전에 직면할 것을 매우 잘 알고 있다. 그들은 자신이 마주하는 어떤 일에도 대처할 수 있다는 확신을 가질 필요가 있다. 그리고 그들은 적당한 도전이 제공되는 상황에 놓여 있을 때 가장 잘 배운다. 과제가 너무 어려우면 학생들은 위협감을 느끼고 자신을 보호하려 한다. 과제가 너무 단순하면 학생들은 집중하지 못하고 지루함에 빠진다(Jensen, 1998). 도전할 만한 적절한 과제란 학생들이 모험하며 미지의 것을 향해 나아갈 것이라 예상하지만, 어떻게 시작해야 하는지 알고 새로운 학습 단계에 도달하기 위한 도움을 받는 것이다. 이것이 바로 비고츠키(Vygotsky, 1978)가 근접발달영역이라고 부른 것으로, 학습자가 도움을 받아 과제를 처리할 수 있고 적절한 노력으로 성공적인 수행을 해낼 수 있는 능력을 뜻하는 영역이다. 이 영역에서 학생들은 '막힌(stuck)' 상태가 되지만, 다양한 선택지를 고려하는 기능을 가지고 스스로 벗어나게 된다.

평가는 새로운 학습이 너무 모호하고 어렵거나 복잡해서 학생 대부분이 흥미를 잃거나 이해할 수 없을 것이라고 여기지 않게 하는 수단이 될 수 있다. 오류와 실수가 학습의 일상적인 부분으로 여겨져 시의적절한 피드백이 제공되고 과제에 대해 다시 생각하고 다시 수행할 기회가 있을 때, 학생이 발전할 기회를 제공하고 과제에 계속 참여할 수 있도록 평가가 설계되어 있을 때, 동기는 강화된다. 평가가 학생들과 교사들에게 안내의 역할을 할 뿐만 아니라 독립적으로 할 수 있는 것에 대한 통찰을 제공하도록 계획될 때, 학생들은 도움을 구할 수 있고 교사는 수업이 끝날 때가 아니라 학습이 일어날 때 도움을 줄 수 있다. 교사는 수업 중에 자신의 지도를 통해 학생들이 복잡한 기능을 보고 모방하고 시도할 기회를 제공하는 개입을 할 수 있다. 이러한 평가는 교수와 학습의 중간에 이루어져야 한다. 그리고 특유하며 목표 지향적이어야 한다. 왜 그럴까? 왜냐하면 평가는 학생들이 알아야 할 것이 무엇인지 교사들에게 정확히 알려 주며 학생들의 학습이 발전할 수 있도록 집중된 피드백을 제공하는 완벽한 기회를 만들기 때문이다. 때로 평가는 다른 모든 것은 사라질 정도로 집중하고 몰두하는 몰입과 같은 참여를 촉진한다 (Csikszentmihalyi, 1990).

오셀로 사례

대부분의 영어 교사가 유감스럽게도, 학생들은 보통 셰익스피어(Shakespeare)의 희곡들을 자신의 삶과 어떤 관련도 없는, 구식이며 지루한 것으로 여긴다. 학생들을 위해 셰익스피어를 생동감 있게 만드는 것은 계속 반복되는 도전이다. 이러한 상황에서 영재 학생들을 가르치는 한 교사는 학생들을 오셀로(Othello)로 끌어들이는 메커니즘으로써 평가를 사용하는 한편, 학생들에게 분석적인 기능을 요구하며 평가를 통해 극을 읽는 동안 인물에 대한 개별적이며 종합적인 이해와 분석 기능을 모두 측정한다.

〈표 7-1〉에서 설명하고 있는 과제(task)는 학생들에게 배부된 숙제(assignment) 안내 유인물이다. 이 과제는 학생들이 다양한 인물을 잘 알아 갈 수 있도록 개별적인 노력을 통해 인물들에 깊은 관심을 가지도록 계획되었다. 교사는 극이 진행됨에 따라 모든 인물에 대해 논의할 수 있도록 인물과 장면을 미리 선택했다. 보다 구체적으로 교사는 학생들의 발표와 개별로 만나는 사전 회의를 위한 일정도 잡을 수 있었다. 학생들에게 제시하는 숙제는 쉽게 할 수 있는 것이 아니며 학생들이 이를 다룰 준비가 될 수 있도록 상당한 사전 교육과 연습이 필요했다. 학생들은 연극이란 무엇이며 연극의 구조는 어떠한지, 엘리자베스 시대와 자코비안 시대의 사회정치적 구조와 문화적 가치 그리고 문학 용어와 문학 장치가 어떻게 작동하여 생생한 이미지를 창조하고 관객을 이끄는지 등을 연구했다. 교사는 학생들의 구두 발표 준비와 학생들이 자신의 의견을 뒷받침할 수 있도록 조직자(organizer)를 많이 제공했다.

〈표 7-1〉 오셀로에서 인물의 성격 발현 숙제를 위한 학생 안내 유인물

오셀로에서 개별 인물의 성격 발현

인물의 성격 발현

연극의 처음부터 끝까지 다양한 등장인물은 여러분의 동정심을 얻고, 분노를 불러일으키며, 좌절감을 자극하고, 만족감을 준다. 실제로 등장인물들은 연극이 진행되는 동안 관객의 무수한 반응을 일으키는 힘을 가지고 있다. 이러한 역량은 정적인 창조물에서 정서적으로나 지적으로 충만한 인간으로 성장할 수 있는 인물들을 만드는 극작가의 능력에 있으며, 이를 통해 관객은 인물들의 욕망, 동기, 행동을 쉽게 이해하고 믿을 수 있다. 인물의 진정한 성격은 갈등, 관계, 드러나는 행동, 플롯 전개의 맥락 안에서 점진적으로 변화해야 한다. 이러한 각각의 요소들은 극작가가 등장인물의 본성을 드러내는 방법을 제공하고, 관객은 연극의 맥락 안에서 인물 특성의 진가를 이해하고 숙고하며 판단하게 된다.

각 학생은 연극의 특정한 장면에서 등장인물 한 명의 역할을 배정받았다.

과제

여러분은 등장인물의 성격이 어떻게 발전했는지 또는 어떻게 관객에게 더 드러나고 있는지 알아내기 위해 각 장면에 각별하게 주의를 기울여서 등장인물을 분석해야 한다. 인물의 성격에 대한 사전 맥락을 해당 장면에 적용할 수 있지만, 탐구와 분석의 초점은 장면 자체에 있어야 한다. 보다 구체적으로, 장면 내 초점은 등장인물의 성격을 밝히는 데 도움이 되는 세 가지 영역, 즉 극적 기능, 관계, 언어에 초점을 두어야 한다.

- 극적 기능: 이 탐구 영역에서는 인물의 역할이 어떻게 행동이나 갈등을 진전시키거나 플롯의 전개를 돕는 데 이용되는지에 관심이 있다. 여러분은 등장인물의 역할에 대해 질문을 하고 이 장면에서 역할이 어떻게 표현되는지 알아내야 한다. 이 영역에서 할 수 있는 질문은 다음과 같다. 연극의 중심 사건과 여러분의 등장인물은 어떤 관계인가? 등장인물은 중심 사건, 주제, 또는 갈등을 뒷받침하기 위해 어떤 역할을 하는가? 여러분의 등장인물과 극 중 다른 등장인물의 관계는 어떠한가? 그 혹은 그녀는 다른 인물을 돋보이게 하는 역할을 할 수 있을까? 여러분의 등장인물은 성격이 어떻게 형성되는가? 또는 여러분의 등장인물은 역할에 요구되는 필요한 행동과 반응을 하도록 어떻게 동기를 부여하는가?

- 관계: 이 탐구 영역에서는 인간관계에서 비롯된 행동과 태도를 관찰함으로써 등장인물을 이해한다. 등장인물은 흔히 다른 사람들과의 관계에서 가장 잘 이해되곤 한다. 이를 통해 관객들은 다양한 상황에서 등장인물과 다른 사람 간 상호작용에 대한 가치 판단을 할 수 있다. 이 영역에서 할 수 있는 질문은 다음과 같다. 등장인물이 가장 많이 보이는 태도를 어떻게 정의하겠는가? 등장인물의 행동에 동기를 부여하는 근원적인 감정은 무엇인가? 여러분의 장면에서 어떤 태도나 관점이 나타나는가? 이러한 것들은 그 혹은 그녀의 성격에 대해 여러분이 이미 알고 있는 것과 일치하는가? 첫 장면을 시작으로 등장인물의 성격은 어떻게 변했고, 앞으로 더 많이 변화할 것이라 예상하는가? 어떤 인물이 여러분의 등장인물에게 가장 영향을 미치는 것 같은가? 왜 그렇게 생각하는가?
- 언어: 극작가가 무대에 존재하는 진정한 인물과 장면을 창조하기 위해 사용하는 힘은 언어를 다루는 능력에 달려 있다. 셰익스피어의 시(기억하라, 셰익스피어는 자신을 '극작가'가 아닌 '시인'이라고 불렀다)는 특히 그가 이용한 문학적 장치의 모음을 고려해 볼 때 그의 성격을 밝히는 것에 도움이 된다. 그는 은유와 직유를 사용한다. 그는 운율을 사용한다. 그는 어조와 어법도 사용한다. 이 영역에서 할 수 있는 질문은 다음과 같다. 셰익스피어는 등장인물의 본성을 드러내기 위해 어떤 문학적 장치를 사용하는가? 선택한 어법은 등장인물의 지위, 태도, 교육, 열정, 지능, 유머 등과 어떤 관련이 있는가? 이것은 전혀 변하지 않는가? 만약 그렇다면, 왜 그럴까? 등장인물의 어조가 어떻게 그 혹은 그녀의 성격을 반영한다고 이해될 수 있는가? 왜 그럴까?

최종적으로, 여러분은 수업 중 모둠으로 책을 읽는 동안 특정 장면에 이르면, 친구들에게 여러분의 아이디어를 발표할 것이다. 수업 발표 일주일 전에 여러분은 사전 회의에서 선생님과 만나 여러분이 수행한 인물의 성격 발현을 설명할 것이다. 회의는 약 15분 정도 진행될 것이며, 여러분은 5~10분 정도의 논의 자료를 준비해야 한다. 회의가 끝나면, 여러분과 나는 첨부된 루브릭을 사용하여 인물의 성격 발현에 대해 검토할 것이다. 우리는 다음 날 만나서 우리의 관점에 대해 논의할 것이며, 여러분은 이 피드백을 사용해서 수업 발표를 준비할 수 있을 것이다.

비록 완전한 오셀로 단원은 인물의 성격 발현 그 이상의 것을 다루고 있지만, 학습 동기를 부여하고 학습을 촉진하기 위해 계획된 이 평가 과정은 교사가 학생들의 사고와 이해에 개별적으로 그리고 함께 접근할 수 있게 해 주었다. 사전 회의에서 교사는 수업 시간 중에 자신이 관찰한 것과 질문한 것으로 학생의 요구와 필요에 부응하기 위해 광범위한 활동을 했다. 예를 들어, 속도를 조절하거나 개념을 복습하고, 다시 가르치거나 함께 문제를 해결하는 등 학생의 필요에 비추어 적절한 것은 무엇이든 다루었다.

첫 회의 후 교사와 학생이 사용한 루브릭은 〈표 7-2〉에 수록되어 있다. 제9장 후반부에 루브릭에 대해 다루겠지만, 이 루브릭은 토론과 설명의 근거로 과제에서 '기대하는 것'을 매우 상세하게 제시하고 있다는 점에 주목하라. 교사는 루브릭을 사용하여 과제에 점수나 등급을 부여하려고 하는 것이 아니다. 루브릭은 토론의 도구이며 학급에서 학생이 공개 발표를 위해 자신의 발표를 다듬을 수 있도록 돕는 도구이다.

〈표 7-2〉 인물의 성격 발현 루브릭

수준	극적 기능	인물의 관계	인물의 언어
5	• 범위가 넓으면서도 수준 높은 관련 텍스트를 근거로 사용하여 장면 내에서 일어나는 사건, 갈등 또는 행동에 대한 인물의 반응을 명확하게 밝히고, 통찰력 있고 철저하며 자신 있게 설명함 • 범위가 넓으면서도 수준 높은 관련 텍스트를 근거로 사용하여 장면 내	• 범위가 넓으면서도 수준 높은 관련 텍스트를 근거로 사용하여 다른 등장인물에 대한 해당 인물의 태도를 명확하게 밝히고, 통찰력 있고 철저하며 자신 있게 설명함 • 범위가 넓으면서도 수준 높은 관련 텍스트를 근거로 사용하여 다른 등장인물과 해당 인물의	• 텍스트에 있는 효과적인 세 가지 사례를 사용하여 인물의 어법이 그/그녀의 지위와 관점을 어떻게 드러내는지 명확히 밝히고, 통찰력 있고 철저하며 자신 있게 설명함 • 텍스트에 있는 효과적인 세 가지 사례를 사용하여 문학적 장치가 인물의 태도 또는 관점을 반

	에서 인물의 행동 동기를 명확하게 밝히고, 통찰력 있고 철저하며 자신 있게 설명함 • 범위가 넓으면서도 수준 높은 관련 텍스트를 근거로 사용하여 갈등 그리고/또는 플롯 전개에 인물이 기여한 점을 명확히 밝히고, 통찰력 있고 철저하며 자신 있게 설명함	역사적 · 발전적 관계를 명확하게 밝히고, 통찰력 있고 철저하며 자신 있게 설명함 • 범위가 넓으면서도 수준 높은 관련 텍스트를 근거로 사용하여 인물의 행동과 다른 등장인물에 대한 반응의 이면에 있는 동기에 대해 철저하고 통찰력 있는 이해를 보임	영하는 방법을 명확하게 밝히고, 통찰력 있고 철저하며 자신 있게 설명함 • 장면의 처음부터 가운데, 끝에 있는 관련 표현을 효과적으로 사용하여 인물의 발달 단계를 드러내는 어조의 일관성 또는 변화를 명확히 밝히고, 통찰력 있고 철저하며 자신 있게 설명함
4	• 관련 텍스트를 근거로 사용하여 장면 내에서 일어나는 사건, 갈등 또는 행동에 대한 인물의 반응을 명확하게 밝히고, 충분히 설명함 • 관련 텍스트를 근거로 사용하여 장면 내에서 인물의 행동 동기를 명확하게 밝히고, 충분히 설명함 • 관련 텍스트를 근거로 사용하여 갈등 그리고/또는 플롯 전개에 인물이 기여한 점을 명확하게 밝히고, 충분히 설명함	• 관련 텍스트를 근거로 사용하여 다른 등장인물에 대한 해당 인물의 태도를 명확하게 밝히고, 충분히 설명함 • 관련 텍스트를 근거로 사용하여 다른 등장인물과 해당 인물의 역사적 · 발전적 관계를 명확하게 밝히고, 충분히 설명함 • 관련 텍스트를 근거로 사용하여 인물의 행동과 다른 등장인물에 대한 반응의 이면에 있는 동기에 대해 충분한 이해를 보임	• 텍스트에 있는 관련 사례 세 가지를 사용하여 인물의 어법이 어떻게 그/그녀의 지위와 관점을 드러내는지 명확히 밝히고 충분히 설명함 • 텍스트에 있는 관련 사례 세 가지를 사용하여 문학적 장치가 인물의 태도나 관점을 반영하는 데 어떤 역할을 하는지 명확히 밝히고 충분히 설명함 • 장면의 처음부터 가운데, 끝에 있는 관련 표현을 사용하여 인물의 발달 단계를 드러내는 어조의 일관성이나 변화를 명확히 밝히고 충분히 설명함

3	• 텍스트에 있는 인물 또는 사건 일부를 언급하며 장면 내에서 사건, 갈등 또는 행동에 대한 인물의 반응을 밝히고 설명함 • 텍스트에 있는 인물 또는 사건 일부를 언급하며 장면 내에서 인물의 행동 동기를 밝히고 설명함 • 텍스트에 있는 인물 또는 사건 일부를 언급하며 갈등 그리고/또는 플롯 전개에 인물이 기여한 점을 명확히 밝히고 설명함	• 일부 텍스트를 근거로 사용하여 다른 등장인물에 대한 해당 인물의 반응을 밝히고 설명함 • 텍스트에 등장하는 인물과 사건 일부를 근거로 사용하여 다른 등장인물과 해당 인물의 역사적 · 발전적 관계를 밝히고 설명함 • 텍스트에 등장하는 인물과 사건 일부를 근거로 사용하여 인물의 행동과 다른 등장인물에 대한 반응의 이면에 있는 동기에 대해 적절한 이해를 보임	• 텍스트에서 최소한 두 가지 사례를 사용하여 인물의 어법이 그/그녀의 지위와 관점을 어떻게 드러내는지 밝히고 설명함 • 텍스트에서 최소한 두 가지 사례를 사용하여 문학적 장치가 인물의 태도나 관점을 반영하는 데 어떤 역할을 하는지 밝히고 설명함 • 장면의 서로 다른 두 부분에 있는 표현을 사용하여 인물의 발달 단계를 보여 주는 어조의 일관성 또는 변화를 밝히고 설명함
2	• 장면 내에서 사건, 갈등 또는 행동에 대한 인물의 반응을 부분적으로만 밝히거나 설명함 • 장면 내에서 인물의 행동 동기를 부분적으로만 밝히거나 설명함 • 갈등 그리고/또는 플롯 전개에 인물이 기여한 점을 부분적으로만 밝히거나 설명함	• 다른 등장인물에 대한 해당 인물의 태도를 부분적으로만 보여 줌 • 다른 등장인물과 해당 인물의 역사적 또는 발전적 관계를 부분적으로만 밝히거나 설명함 • 인물의 행동 그리고/또는 다른 등장인물에 대한 반응의 이면에 있는 동기에 대해 부분적으로만 이해함	• 텍스트에 있는 몇 가지 표현을 언급하며 인물의 어법이 어떻게 그/그녀의 지위와 관점을 드러내는지 부분적으로만 밝히거나 설명함 • 텍스트에 있는 몇 가지 표현을 언급하며 문학적 장치가 인물의 태도 또는 관점을 반영하는 데 어떤 역할을 하는지 부분적으로만 밝히거나 설명함

			• 텍스트에 있는 몇 가지 표현을 언급하며 인물의 발달 단계를 보여 주는 어조의 일관성 또는 변화를 부분적으로만 밝히거나 설명함
1	• 장면 내에서 사건, 갈등 또는 행동에 대한 인물의 반응을 밝히지 않거나 설명하지 못함 • 장면 내에서 인물의 행동 동기를 밝히지 않거나 설명하지 못함 • 갈등 그리고/또는 플롯 전개에 인물이 기여한 점을 밝히지 않거나 설명하지 못함	• 다른 등장인물에 대한 해당 인물의 태도를 조리 있게 설명하지 못함 • 다른 등장인물과 해당 인물의 역사적 또는 발전적 관계를 밝히지 않거나 설명하지 못함 • 인물의 행동이나 다른 등장인물에 대한 반응의 이면에 있는 동기에 대해 거의 이해하지 못함	• 인물의 어법이 그/그녀의 지위와 관점을 어떻게 드러내는지 밝히거나 설명하지 못함 • 문학적 장치가 인물의 태도나 관점을 반영하는 데 어떤 역할을 하는지 밝히거나 설명하지 못함 • 인물의 발달 단계를 드러내는 어조의 일관성이나 변화를 밝히거나 설명하지 못함

이 사례에서 알 수 있듯이, 평가는 의미 있는 기준을 전달하여 교수·학습에 집중하게 하고 안내하며, 기준에 대한 학생들의 이해에 통찰력을 제공하고, 다음 학습 단계로 이끄는 구체적인 피드백을 시의적절하게 제공함으로써 동기를 부여할 수 있다.

오래된 관습을 바꾸는 평가

교사들은 동기부여에 대한 또 다른 문제를 염두에 두어야 한다. 외적인 평가(external assessment)와 일상적으로 이루어지는 성적 기록표는 학생들의 동기를 잃게 만들 수 있다. 학생들은 그들을 판단하고 평가하여 중요한 결과(부모의 반응에서부터 이후 진학하는 학교 및 고등교육에 이르기까지)를 초래하는 장소로 이미 오래 관습화되어 있는 학교에 입학한다. 이러한 요소들은 학습이 지닌 무형적 이로움보다는 요구사항을 충족하는 것에 학생들의 관심을 집중시키는 경향이 있다. 어떤 학생들은 칭찬과 성공의 확신에 중독되고 있으며, 계속해서 더 많은 칭찬과 성공이 필요하다. 다른 학생들은 매년 받는 '충분하지 않다'는 평가로 인해 지적인 자신감이 떨어지고, 그 결과 명확하게 사고하거나 감정을 표현할 수 없는 멍한 상태가 된다.

교사들은 시험의 통과가 아닌 학습 동기 향상을 위해 평가를 사용할 수 있다. 하지만 오래된 습관을 깨기란 쉽지 않을 것이다. 대신에 이는 좌절과 실패를 겪는 작은 걸음들이 모인 긴 과정이 될 것이다. 그럼에도 불구하고 나는 이것이 도전할 가치가 있다고 믿는다. 평가가 학습 과정에 통합되면 교사와 학생은 이해하고자 하는 목표를 공유하여 협력할 수 있다. 이는 학생들의 자연스러운 호기심을 불러일으키고 지식이나 기능을 습득하기 위해 학습에 참여하도록 학생들을 이끌 수 있다.

그러나 나는 이 과정은 시간이 걸릴 것이라는 점을 다시 말해야겠다. 이러한 극적인 변화는 갑자기 이루어질 수 없다. 수업의 중요한 단계와 평가에 대한 개인적 반응을 의미 있게 재정리하는 것은 시간이 걸릴 것이다. 하지만 교사와 학생 그리고 학부모는 학습을 진지하게 받아들이고 학습의 가치 또는 학습을 위한 평가를 인식하며 긍정적인 경험으로 평가를 보는 성향과 습관을 기를 수 있다. 모든 사회화 활동과 마찬가지로, 이러한 종류의 성향은 여러 종류의 평가 경험에 노출되면서 점진적으로 발전한다.

전통적인 **학습 결과에 대한 평가**는 없어질 것 같지 않고, 없어져서도 안 된다. 비결은 학생들이 자신과 학습에 대한 대안적인 관점을 갖게 하고 이러한 관점이 가치 있게 평가되고 공유되게 함으로써 그 효과의 균형을 갖추는 것이다. 장기적으로, **학습을 위한 평가** 그리고 **학습 과정으로서의 평가**의 누적된 결과는 학생들이 영속적인 성향으로서 학습 동기를 계발하도록 북돋워야 한다.

더 생각해 보기

1. 여러분의 평가 전략 사례를 검토해 보라. 그것은 얼마나 적절한가? 그것은 상상력을 얼마나 담아내는가? 그것은 학습 발판이 필요한 학생들에게 어떤 정보를 제공하는가?
2. 학생들의 학습에 더 나은 동기 요인이 될 수 있도록 이러한 평가 전략을 어떻게 수정할 수 있을까?
3. 평가를 동기부여(motivation)로 사용하는 것에 대한 여러분의 논의를 통해 여러분의 교실 평가는 어떻게 바뀔 수 있는가?

ASSESSMENT

제8장

평가를 사용하여 배움 연결하기

AS LEARNING

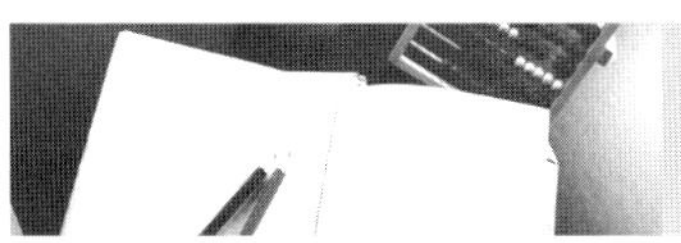

어떤 분야에서든 학생들은 학습할 때 자신의 배움을 연결하며 초보에서 숙련된 상태로 발전해 나간다. 초보자로서, 학습자는 대체로 불확실하며 기본 패턴에 대해 거의 인식하지 못한 상태로, 어떻게 해야 할지 안내해 주는 규칙에만 의존한다. 학습자가 더욱 유능해질수록 그들은 더 복잡한 이해의 스키마를 계발하고, 역량과 자신감을 얻으며, 새로운 환경에서 맞닥뜨리는 문제를 효율적으로 해결하게 된다.

초보				숙련
실제 경험이 없음. 규칙에 의존함	정답을 기대함. 패턴에 대해 약간 인식함. 경험이 제한적임. 여전히 규칙에 의존함	분석적. 가능한 패턴을 찾고 검토함. 핵심적인 관점을 내면화하여 자동화됨	분석과 종합을 사용함. 부분보다는 전체를 봄. 연결과 패턴을 찾음. 상황에 맞게 조정함	맥락을 이해함. 관계를 총체적으로 파악함. 반복적인 방식으로 대안을 고려하며 아이디어를 효율적인 해결책에 통합함. 문제를 해결하고 자연스레 계속해서 적용함

[그림 8-1] 초보에서 숙련까지의 성장 단계

출처: Earl & Katz (2006).

빅스와 콜리스(Biggs & Collis, 1982)는 교실에서 다양한 교과의 질문에 반응하는 학생들을 연구했다. 그들은 학생들의 반응을 다음과 같은 다섯 가지 범주로 구분했다.

- **전 구조화 수준**(prestructural level): 새로운 아이디어에 접근하는 방법을 모르기 때문에 제기된 질문에 대해 무관한 대답을 하거나 아무 반응을 보이지 않음
- **단일 구조화 수준**(unistructural level): 한 가지 정보만을 골라 집중하며 다른 세부 사항에는 집중하지 않음
- **다중 구조화 수준**(multistructural level): 한 가지 이상의 정보에 집중하지만 한 정보를 다른 것과 연결하려고 시도하지는 않음
- **관계화 수준**(relational level): 여러 가지 정보를 주제나 범주에 따라 묶음
- **일반화 확장 수준**(extended abstract level): 분류된 정보를 새로운 영역이나 아이디어로 확장함

학습은 많은 사람에게 우연한 활동처럼 느껴진다. 학습은 그냥 일어나는 것처럼 보이거나 일어나지 않는 것처럼 보인다. 사람들이 자신의 생각을 관리하는 방법을 알지 못하는 한, 눈앞에서 벌어지는 그 어떤 것에나 주의를 돌리게 되고, 학습자는 생각을 정리하는 데 필요한 어떤 방식도 없이 혼란과 불확실에 빠지게 된다. 그러나 정보를 이해하고 그것을 선행 지식과 관련지으며 관련된 기능 숙달에 집중한다면 학습을 조절하고 강화할 수 있다.

> 사람들은 이미 알고 있는 것과 배우고 있는 것을 연결 지을 때, 자신의 경험을 바탕으로 더 큰 의미를 만들 때, 아이디어가 서로 어떻게 관련되어 있는지 알 때, 자신이 배우고 있는 것을 구체적인 방법으로 사용할 수 있을 때 가장 잘 배운다.
>
> – 달링-해먼드 (Darling-Hammond, 1992)

새로운 것을 배우는 초기 단계에 학습자는 (나이에 상관없이) 패턴을 보는 틀이 될 수 있는 체계와 규칙이 필요하다. 그들의 학습이 점점 더 복잡해지고 학습자들이 이러한 조직자들을 내면화함에 따라, 그들은 기존의 것을 조합

하고, 정교하게 연결하며, 섬세하게 바꾸고, 심지어 새로운 것을 구성할 수 있다. 이러한 조직자들을 가지고 학생들은 자신이 학습하고 있는 것을 모니터하고, 이 모니터링에서 얻은 피드백을 이용하여 이해한 내용을 조정·적용하며 심지어 변화시킬 수 있다. 이러한 조직자들은 또한 학습은 정보의 조각들이 마구잡이로 축적되는 것이 아님을 이해하도록 돕는다. 이는 오히려 학습자의 머릿속에서 아이디어를 이해하고 다루고 바꾸고 변형시키는 역동적인 과정이다. 안타깝게도, 많은 사람은 학교에서 얻은 정보가 학교 밖에서 경험하는 세계와 거의 관련이 없다고 생각한다. 교사는 그들을 연결할 수 있는 유일한 다리이다. 이러한 학습의 개념은 학습 내용을 단순히 훑는 것보다는 깊이 있는 학습의 가치에 주목한다. 이는 가르침이란 학생들이 정보의 조각 간 연관성을 보고 그들이 이미 알고 있는 것과 새로운 아이디어를 연관시키도록 돕는 방법을 찾음으로써 다른 사람들이 배울 수 있도록 한다는 점을 강조한다. 이에 가르침의 초점은 같은 정보를 모든 학생에게 동시에 제공하는 것으로부터 학생 개개인이 자신의 학습을 자신의 바깥뿐만 아니라 자신의 내부와 관련지어 볼 수 있게 도와주는 것으로 바뀐다.

학생들이 연결을 만들어 낼 가능성은 그들이 자신이 목표한 것을 볼 수 있을 때, 연결을 볼 수 있도록 도와주는 조직화된 구조를 가지고 있을 때, 그리고 기대되는 것과 세상에 대한 자신의 관점 간에 개인적인 연결을 만들어 낼 수 있을 때 높아진다.

학습을 위한 가시적 목표로서 교육과정

스티긴스(Stiggins, 2001)는 수십 년 전에 "학생들은 자신이 볼 수 있고, 그들을 위해 확립된 목표라면 어떤 목표든 도달할 수 있다."(p. 63)라고 말했다. 그 이후 이루어진 연구는 그의 생각을 확인시켜 주었다. 리히와 동료들(Leahy et al., 2005), 해티(Hattie, 2009) 모두 성공적인 학습의 중요한 요소로 교사와 학생이 알고 있는 명확한 학습 목적과 성공 기준을 꼽는다. 교사와 학생이 어디로 향하고 있는지 명확한 이미지를 가질 때 학습은 더 쉬워진다. 이는 머릿속에 저장해야 할 정보의 목록이 필요함을 말하는 것이 아니다. 그보다 교사에게 필요한 것은 교과목 전체 혹은 학습 주제에 대한 큰 그림인데, 이 큰 그림은 학습 과제에 틀을 부여한다. 또한 세부적인 분석을 통해서 성공적인 학습을 이루는 개념, 기능, 지식에 내재한 상호관계와 연결을 파악해야 한다. 이를 바탕으로 적절한 활동을 만들어 낼 수 있어야 한다(Black & Wiliam, 1998).

> 배움은 우리를 둘러싼 세상의 패턴을 보는 것이다. 가르침이란 학생들이 우리가 형성한 집단적 이해의 잘 알려진 패턴을 볼 수 있도록 환경을 조성하는 것이다. 노벨상 수상자는 지금까지 보지 못했던 새로운 방식으로 패턴을 본다.
>
> – 존 폴라니(John Polanyi), 노벨 화학상 수상자

학생들 또한 이 길을 여행하는 동안 여행이 가치 있도록 큰 그림을 볼 필요가 있다. 너무나 자주, 우리는 학생들에게 목적지가 어디인지, 왜 그들이 그곳에 가야 하는지 전혀 알려 주지 않은 채 학습을 하라고 요구한다. 학습의 목적과 방향을 알고 특정 과제의 학습 의도와 더 큰 주제의 연관성을 알 때, 학생들은 동기를 부여하며 과제 지향적일 수 있다. 더 중요한 것은 그들이 자신의 학습을 계획하고 자신의 성장을 볼 수 있다는 것이다.

관계를 매핑(mapping)하는 것은 간단해 보일 수 있지만, 이 과정은 범위(scope)와 계열(sequence) 그 이상이다. 이는 학생들이 다음 학습 단계를 볼 수 있도록 만듦으로써 자신의 사고를 통해 아이디어를 풀어 나가고 패턴을 파악하도록 하는 데 목적을 둔다.

국가 공통 핵심 기준은 교사들이 수업의 학습 목표를 명확히 할 수 있는 출발점을 제공한다. 다행히도, 교과 단체에서 개발된 기준은 도전적인 교과 내용을 포함하며 각각의 학문에서 알고 배워야 할 것이 무엇을 의미하는지 서술한다. 기준은 교사와 학생이 매일의 학습을 만들어 내

는 데 의미 있는 출발점이 될 수 있다. 그들은 학교에서 가르쳐야만 하는 것은 무엇이며 어떤 수준까지 가르쳐야 하는가에 대한 대화의 시작을 자극하는 것에서부터, 교사의 수업 계획을 이끌고 학생들이 학습하기를 기대하는 상세한 벤치마크를 설명하는 것까지 많은 목적에 쓰일 수 있다.

이러한 힘은 기준 그 자체를 목적으로 삼는 데서 오는 것이 아니라, 학습할 내용은 무엇이며 그것들이 어떻게 연결되어 있는지 명확하게 하는 지침으로서 일상적으로 사용하는 데서 나온다. 교육과정 기대(expectations)는 학생들의 수행을 판단하거나 학생들로부터 정보를 얻어 수업을 수정하는 과정의 기준점으로 항상 사용되어 왔다. 만약 평가가 교육과정과 학생의 학습을 연결하려면, 기준은 학급에서 논의의 '대상'이 되어야만 한다. 너무나 자주, 학생들은 교실에서 하는 활동이나 수행 과제의 목적에 대해 거의 이해하지 못한다. 배움에 대한 책임을 지려면 그들은 큰 그림은 무엇인지, 자신이 하는 활동이 어디에 해당하는지 알아야 한다. 교실 벽에 게시된 교육과정 목표는 학생들이 활동하는 동안 유용할 뿐만 아니라 단위 수업이나 단원의 학습 의도를 담은 일반적인 표현으로서 유용할 수 있다. 또한 학생들은 교사가 학생들에게 무엇을 하기를 바라는지, 무엇을 배우기를 바라는지, 교사와 학생 자신이 무엇을 성취했는가를 어떻게 알 수 있는지, 그리고 다음에 무엇을 할 것인지 알 수 있어야 한다.

교육과정 기준은 학생들에게 학습해야 할 내용에 대한 이미지를 제공하지만, 학생들이 어떻게 학습 과정을 시작해야 하는지 알려 주지 않는다. 대체로 사람들은 학생들이 사고하는 법을 배우거나 사고하는 연습 없이도 사고할 수 있을 것이라 기대한다. 그러나 사고는 사전에 다양한 기능의 계발이 필요한 다면적이고 복합적인 신경 활동이다. 코스타와 캘릭(Costa & Kallick, 2000)은 그들이 '사고 습관(habits of mind)'이라고 부르는 것을 집중적으로 다룬 여러 권의 책을 출간했다. 기본적인 전제는 청소년들이(그리고 어른들도) 사고 습관을 학습하고 내면화할 때 비판적이고 창의적인 과제를 깊이 있게 이해하게 되고 훨씬 더 잘할 수 있다는 것이다. 간단히 말해서, 사고 습관은 광범하고, 지속적이며, 필수적인 평생 학습이다. 여기에는 끈기, 이해하고 공감하며 듣기, 질문하기와 문제 제기, 새로운 상황에 과거의 지식 적용하기, 모든 감각을 이용하여 데이터 수집하기, 창조하기, 상상하기, 혁신하기가 포함된다. 사고 습관은 분명 교육과정 기준 또는 가르칠 것으로 대신할 수 없다. 이들은 학생들의 사고를 한계까지 밀어붙이고 학교와 일상생활에서 무엇이든 끝까지 해낼 수 있는 도구를 갖추게 함으로써 교육과정 기준이나 가르쳐야 할 것을 보완하고 확장한다. 학생들이 연결을 만들어 내고 계발된 사고 습관을 사용하도록 만들기 위해서 교사는 혼자 그리고 다른 교사들과 함께 계획을 세심하게 세워야 한다.

학습 계획, 평가 계획 그리고 예상 밖의 것에 대한 예상

학습은 선형으로 진행되지 않는다. 평가는 마지막에 하는 것이 아니다. 수업은 교육과정과 평가 사이를 채우는 것이 아니다. 이 과정을 종합하면, 교육과정, 수업, 학습, 평가는 반복적이고 때로는 순환적인 과정에서 상호작용한다. 그들은 서로에게 반영되며, 때로는 예측할 수 없을 것 같은 패턴으로 앞뒤로 움직인다. 이는 그들이 독립적이거나 서로 분리되어 있음을 의미하지 않는다. 도리어 상호연결이 본질이다. 교육과정, 수업, 평가는 효과적인 학습을 위해 모두 일관성이 있어야 한다. 만약 교사가 연계성을 확인하고 경향을 인식하려면, 수평적으로는 본 수업의 목적이 무엇인지 파악하고, 수직적으로는 수업 전반, 교과 전반, 전 학년에 걸쳐서 일어나는 과정에 따를 수 있도록 주제별로 교육과정을 매핑하고 프로그램을 구성하는 기능과 지식의 연결 관계를 파악할

> 형성평가는 시험이 아닌 과정이다. 더욱이 이는 충동적인 활동이 아니라 계획된 과정이다.
>
> - 팝햄 (Popham, 2008)

필요가 있다(Sutton, 1995). 이 모든 것은 교육과정이 교사들이 계획할 때 고려해야 할 첫 번째 요소가 아님을 의미한다. 학습 목표와 평가는 교육과정과 밀접하게 연결되어 있어서 서로 분리된 상태에서 계획하는 것이 불가능하다.

그렇다고 해서 계획이 고정불변해야 한다는 뜻은 아니다. 계획이 훌륭한 점은, 일단 계획을 세우고 나면 온갖 변경과 조정이 가능하고도 핵심을 잃지 않는다는 것이다. 만약 그렇지 않다면, 의도적으로 그런 것이다. 신중한 계획은 학교 수업의 기본적인 틀이다. 사람들이 계획한 것을 문서로 볼 수는 없지만, 계획의 부재는 재앙을 불러온다. 계획은 교사들과 학생들이 목적을 파악하고, 명확한 연관을 짓고, 관계를 강화하며, 방해할 수 있는 오해를 규명하기 위해 지속적으로 사용할 수 있는 청사진과 조직자를 제공해야 한다. 활동이 적절한지, 학습 목표를 충족하는지에 대해서 끊임없이 질문해야 한다. 지속적인 평가는 학습이 일어나는 그 자리에서 교수 · 학습에 있는 (근거 없는 것이 아닌) 잘못을 바로잡고, 수정하며, 변화를 만드는 비결이다.

문해력 학습 설계 사례

문맹 퇴치 계획은 여러 국가에서 주요 정책의 지렛대가 되어 왔다. 영국의 국가 문해 및 수리 전략은 발판이 되어 관련된 다수의 계획을 낳았다. 뉴질랜드에서 문해력 전략은 21세기의 성공적인 시민이 되도록 모든 뉴질랜드인에게 지식, 기능, 가치를 갖추게 하는 광범위한 정책 목표의 실현을 추구한다. 내가 살고 일하고 있는 온타리오에서는 문해력과 수리력 사무국이 개혁 의제의 핵심이다. 많은 정책 과제가 정책에서 실천으로 진전되었기에 나는 운이 좋게도 이러한 정책 추진의 많은 부분을 관찰해 왔다. 다음의 예는 핵심 기준을 학생들을 위한 강화 학습(enhanced learning)으로 옮기기 위해 해당 주에서 주창하는 균형 잡힌 문해 접근법을 사용하는 작은 시골 초등학교의 2학년 교사를 관찰한 내용이다. 교사는 빅북(big book)을 함께 읽으면서 모둠 활동으로 수업을 시작했다. 이 책은 한 소년과 정원을 점령한 채소를 재배하는 그의 경험에 관한 것으로, 전날 수업에서 소개된 것이다. 그래서 선생님과 학생들은 몇 분간 제목, 저자, 표지의 그림, 전날 읽었던 내용에 대해 되돌아보았고, 이어지는 이야기에서 무슨 일이 일어날지 예상해 보았다. 그다음 몇몇 아이가 교사처럼 책 일부를 각각 소리 내어 읽었다. 함께 책을 읽는 동안, 교사는 그림을 보지 않고도 독자가 이야기의 이미지를 볼 수 있도록 작가가 서술어를 어떻게 사용하는가에 대해 학생들이 주목하게 했다. 그녀의 뒤에 있는 칠판에는 이번 시간의 교육과정 목표가 제시되어 있었다.

- **학습 목표**: 시와 산문에서 인상을 만드는 표현적, 비유적, 서술적 언어를 알고 사용한다.

수업은 교사가 아이들에게 학습 목표를 소리 내어 읽어 주고 '형용사' '표현적' '비유적' '서술적'이라는 용어의 의미를 검토하며 학습 목표의 의미를 논의하는 것으로 이어졌다. 그런 다음 그녀는 형용사가 글을 쓸 때 흥미로운 효과를 만들어 내고, 독자에게 감정이나 정서를 일으키거나 독자의 마음속에 사물의 이미지나 그림을 만드는 데 사용될 수 있다고 학생들에게 설명했다. 이 수업에서 그녀는 아이들에게 게시판에 써 놓은 몇 가지 간단한 문장을 보여 주었고, 독자들이 사물에 대한 느낌을 얻거나 심상을 만들도록 돕는 흥미로운 형용사를 생각해 보라고 했다. 아이들은 자신의 의견을 발표하기 위해 열성적으로 손을 들었다. 교사는 여섯 개의 제안을 차례로 받아들였고, 교사와 아이들은 "왜 '거대한' 이라는 단어를 골랐나요?" "그리고 형용사 '거대한'은 호박에 대해 우리에게 무엇을 말해 주나요?" "잘 생각해 보세요. '거대한'이라는 단어는 형용사인가요?"라는 질문을 조합하여 토의했다. 그리고 무엇이 좋은 반응을 만들었는지에 대해 꼼꼼하게 설명했다. 몇 가지 예시를 가지고 이러한 방식으로 활동했다. 아이들은 의견을 내고 설명하기를 열망했고, 교사는 발표를 희망한 모든 학생의 노력을 칭찬했다. "훌륭해요." "좋은 시도였는데 '좋은'은 호박을 잘 표현하지 않아요. 우리는 저자가 무엇을 생각하고 있는지 독자들이 알 수 있도록 도울 호박을 묘사할 단어가 필요해요. 어떻게 하면 좋을까요?"

한 아이가 심상을 불러일으키는 대답을 했을 때, 그녀는 그 아이가 대답을 반복하는 동안에 칠판에 새로운 문장을 써서 아이들에게 글쓰기 시범을 보여 주었다. 어느 순간, 그녀는 그녀를 돕고 싶어 손을 들도록 일부러 단어를 잘못 썼다. 그녀는 이것이 아이들에게 큰 기쁨을 주고, 아이들이 수업에 집중하는 데 도움이 된다는 것을 발견했다.

문장 수준의 수업 내용을 마친 후, 그녀는 학생들에게 오늘 모둠 활동으로 형용사, **사물을 묘사하거나 독자들이 상상하기 쉽도록 사물을 설명하는 단어를 사용함으로써** 비유적 언어로 하는 활동을 계속할 것이라 말했다. 그녀는 한 모둠과 함께 형용사를 사용하여 식물에 관한 문장을 만드는 활동을 할 예정이었다. 다른 모둠은 각자 테이블로 가서 교사가 준비해 놓은 과제를 했다. 각 테이블에는 그날의 구체적인 목표인 '**산문에서 인상을 만드는 표현적, 비유적, 서술적 언어, 특히 형용사를 사용하기**'가 세워져 있었다.

교사가 한 모둠 학생들과 유도된 쓰기(guided writing) 연습을 할 때, 그녀는 학생 각각의 학습 격차를 줄여 나가기 위해 학생들의 수행을 관찰하고, 학생들에게 질문하며, 그 자리에서 바로 조절해 나갔다. 나는 그녀가 학생들과 함께 하는 활동에 잠깐 귀를 기울였다. 수업과 평가는 순조로웠다. 그녀는 주기적으로 목표를 반복해서 말했고("우리는 독자가 마음속에 그림을 그리도록 돕고, 우리가 원하는 방식으로 다른 사람들이 식물을 볼 수 있게 서술적인 형용사를 사용하고 있어요."), 보기를 제시하고("우둘투둘한 호박은 어떨까요?"), 초점을 맞춘 질문을 했다("해바라기는 어떻게 생겼나요? 어떤 느낌이었나요?"). 아이들은 평범한 식물을 현란한 민들레나 겁에 질린 토마토 같은 흥미로운 이미지로 만드는 단어를 신나게 생각해 냈고, 그들이 제안하는 형용사가 그들이 만들고자 하는 인상에 왜 딱 맞는 형용사인지 설명했다. 그동안 그녀는 학생들의 이해 정도를 알기 위해 경청하고 살폈으며, 분석을 통해 학생들이 학습에 집중하게 하고 그들의 학습을 확장했다.

교실에 있는 다른 학생들도 각자의 테이블에서 똑같이 바빴다. 한 모둠에서 학생들은 코팅된 종이에 선생님이 적어 놓은 목록에서 적절한 형용사를 찾아 써야 하는 '빈칸 메우기' 문장을 완성하고 있었다. 또 다른 모둠에서는 이보다 더 개방형 과제를 하고 있었다. 그들은 정해진 목록에서 형용사와 명사를 사용하여 짧은 문장을 쓰고 있었다. 네 번째 모둠은 기존의 형용사를 지우고 더 표현적이거나 상상을 가능케 하는 형용사를 사용하여 짧은 문장을 수정하고 있었다. 후에 그녀는 학생들을 도울 수 있도록 연습 평가를 바탕으로 서로 다른 모둠을 위한 과제를 만들었다고 설명했다.

교사는 한 모둠에만 완전히 관심을 쏟고 있었지만, 나머지 학생들은 그녀가 빠르게 확인할 수 있고 이후에 더 주의 깊게 읽을 수 있는 활동지를 하고 있었다. 그녀는 각 모둠에 몇 분 동안 핵심적인 질문을 했고 학생들의 이해도를 확인했다. 문해력 시간의 다음 단계로 그녀는 아이디어를 모으고 모든 모둠 학생의 활동 결과를 사용하여 형용사의 힘을 설명하는 전체 활동을 했다. 마지막으로 아이들은 자신에게 가장 흥미로운 이미지를 떠올렸고, 몇몇 학생은 반 학생들에게 단어를 사용하여 묘사하고 왜 재미있다고 생각했는지 설명했다. 여러분은 이 사례가 평가보다는 수업에 가깝다고 말할지도 모른다. 그리고 부분적으로는 여러분이 옳다. 교사는 눈에 잘 보이는 핵심 목표로 시작하여 아이들에게 학습 기대를 명확하게 느끼도록 했다. 평가는 수업 내내 이루어졌고, 모둠은 학습이 이루어지도록 활동했다. 수업과 평가 사이의 밀접한 관계는 교사가 학생에게 한 질문과 그녀가 대답하도록 선택한 학생에게서 분명했다. 이는 모둠별 독립적인 활동을 위한 과제 선택에서 볼 수 있다. 그리고 이는 교사가 전체 활동을 어떤 방식으로 진행할 것인지 결정하는 것으로 이어졌다. 이것이 비계가 작동하는 것이다. 교사와 학생은 이해를 끌어내고 내면화하기 위하여 도전적인 대화와 질문에 참여했다.

맞춤형 학습을 위한 평가

교사들은 그들의 교실이 서로 다른 요구, 배경, 기능을 가진 학생들로 이루어져 있다는 것을 알고 있다. 학생 개개인의 학습은 독특하고, 교실, 학교, 공동체의 맥락은 학생마다 매우 다를 수 있다. 또한 모든 학생에게 더 복잡한 학습을 위한 사회적 압력은 그들이 가능한 한 깊이 그리고 효율적으로 배울 기회를 가질 수 있도록 교사에게 학습에 다양한 선택과 방식을 만들어 내는 방식을 찾도록 요구한다.

아주 간단하게 말하면, 맞춤형 학습이란 적절한 학습 과제를 적절한 시기에 적절한 학생들에게 제시하는 것이다. 일단 여러분이 각각의 학생에게 '주어져' 있거나 그들에 대해 '알려져' 있는 것이 무엇인지, 그들이 학습해야 할 것이 무엇인지 알게 되면, 맞춤형 학습은 더 이상 선택할 대상이 아니다. 이는 당연한 대응이다.

과거에는 요구사항이 확인된 학생들에 대해서만 맞춤형 학습과 평가가 이루어졌다. 학급 학생들은 동일한 집단으로 간주되었고 교사들은 "수업은 학생들에게 잘 진행되었다." 혹은 "학생들은 개념을 잘 이해하는 것 같다."와 같은 표현을 사용했다. 수업이 잘 진행되지 않은 학생은 예외로 여겼다. 이러한 틀 안에서 교사는 학습장애, 제2언어로서 영어, 주의력결핍 과잉행동장애(ADHD), 영재 등 특정한 차원에 근거하여 학생의 수행 다양성을 설명했다. 꼬리표가 붙은 학생들은 학급의 나머지 학생들과는 '다르다' 여겨졌고, 나머지 학생들은 동일하게 보였다. 이러한 구분을 막을 수는 없지만, 이들은 일부 학생이 왜 학습하지 않는가를 설명하지는 않는다. 모든 학생 사이에는 차이점이 존재한다. 학습은 학급이 아닌 개인이 하는 것이다. 교사들도 알다시피 학급은 다양한 흥미, 배경, 이해를 지닌 개별 학생들로 이루어져 있다.

학생들이 학습할 때 그들은 자신이 이해하고 있는 것, 믿고 있는 것, 바라는 것, 목적을 가져옴으로써 스스로 의미를 만들고 다양한 방식으로 학습 과제에 접근한다. '학급'의 학습에 대해 다루기보다는 학생 개개인의 학습을 개별적인 방식으로 고려하는 것이 중요하다. 평가는 교사들이 매일, 모든 수업에서, 모든 학생의 학습을 돕기 위한 자료를 모으기 위해 사용될 때 맞춤형 학습으로 이어진다. 교육과정 지침(curriculum guide)은 모든 학생이 자신의 학습을 이해하도록 돕기 위한 교사의 맞춤형 수업과 평가에 사용할 수 있도록 학습 성과(learning outcomes)를 제공한다.

맞춤형 학습은 학급에 있는 학생 개개인에게 다른 프로그램을 제공함을 의미하는 것이 아니며, 차이를 줄이기 위해 능력별로 그룹을 짓는 것을 뜻하는 것도 아니다. 이는 각각의 학생이 고유한 개인임을 인식하고 받아들이는 것을 의미한다. 이는 여러분이 학습에 대해 알고 있는 것과 학생 각각에 대해 알고 있는 것을 사용함으로써 수업을 개선하여, 학생 모두 자신의 학습에 최적의 영향을 줄 수 있는 방식으로 학습하게 함을 뜻한다. 루스 서튼(Ruth Sutton, 1995)은 다음과 같이 말한다.

> 효과적인 맞춤형 학습의 핵심은 학생들에게 적절한 학습 과제

> 를 결정하기 위해 우리가 사용하는 정보의 정확성과 관련성이다. 그리고 때때로 학생들로부터 느끼는 놀라움으로 이러한 결정에 의문을 제기하려는 우리의 의지에 있다. (p. 26)

너무나 자주, 우리는 아이들의 경험 부족과 능력 부족을 혼동한다. 우리는 다양성이 수업을 촉진하는 것보다는 제한하며 느리게 만드는 것이라 여긴다. 학습을 지연시키는 것 대신, 우리는 학생 각각의 특별한 요구와 독특한 자질을 충족시키기 위해 학습에 대한 다른 접근법을 찾아야 한다. 평가는 학생들을 분류하고 학생의 학습을 돕기 위한 활동을 방해하는 수단이 아니라, 학습을 진전시키기 위해 무엇을 해야 할지를 결정하는 메커니즘이 된다.

학습자로서 그리고 사람으로서 학생에 대해 알아내는 것이 맞춤형 학습의 핵심이다. 당구대 과제와 같은 활동은 모든 학생이 아이디어를 접할 수 있게 하고, 교사들에게는 몇몇 학생과 함께 활동할 기회를 제공한다. 개인의 관심은 그들이 자신의 학습에서 앞으로 나아가기 위해 지금 무엇을 해야 하는지에 집중될 수 있다. 어떤 통찰로 교사는 학생들이 성취할 수 있게 도울 수 있는가? 이 퍼즐의 다음 조각은 무엇일까?

더 생각해 보기

1. 여러분의 학급에서 학생 한 명을 선택하라. 이 학생의 학습에 대해 알고 있는 것, 학생이 가장 잘 학습하는 환경, 학생이 친숙함을 느끼는 패턴, 학생의 학습 습관과 선행 지식, 학습 스타일 등에 대해 자세한 목록을 작성해 보라.
2. 이제 여러분이 현재 가르치고 있는 단원에 대해 생각해 보라. 학생들에게 어떤 패턴을 보여 주려 하는가? 학습 목표는 무엇인가? 학생들이 성공적으로 숙달했다면 갖추어야 할 필수적인 특성은 무엇인가?
3. 학생에 대해 알고 있는 것을 교육과정 기대와 어떻게 연결할 수 있을까?

ASSESSMENT

제9장

학습을 확장하는 평가 사용하기

AS LEARNING

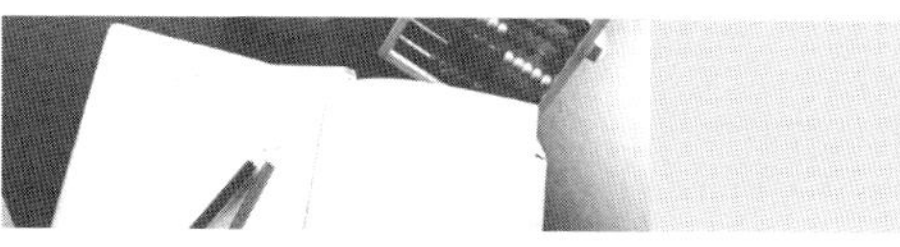

이제 평가가 학습의 필수적인 부분이라는 것은 분명해졌다. 평가는 학생들이 어떻게 사고하고 무엇을 사고하는지 보여 주는 창을 제공하며, 학습을 지원하는 데 필요한 피드백, 수업 및 경험의 종류를 알려 준다. 이 장에서는 평가를 연결하고 학습을 효과적으로 진전시키기 위한 중요한 몇 가지 차원에 집중할 것이다.

학습을 위한 피드백

교사들이 평가에서 수집한 정보를 수업을 계획하고 가르칠 때 사용하고 다음 단계로 무엇을 할지 파악하는 것만으로는 충분하지 않다. 학생들은 자신이 어디에 있으며 어디로 가고 있는지 알아야 할 필요가 있다. 학습과 관련한 해티(Hattie, 2009)의 메타분석 종합 연구에서 그는 피드백이 성취에 가장 강력한 영향을 미치는 것 중 하나라는 사실을 발견했다. 여러 종류의 피드백이 상당히 다양한 방식으로 작동하기 때문에 그는 피드백이 무엇으로 구성되는지에 대해 놀라움을 가지고 계속 설명한다. 왜냐하면 피드백이 작동하는 방식은 매우 다양하기 때문이다. 그는 가장 강력한 형식은 학습자에게 단서를 제공하고 학습자가 이를 이해하고 적용하는 피드백이라고 설명한다. 동료인 헬렌 팀퍼리(Helen Timperley)와 함께 피드백의 영향에 대해 구체적으로 분석한 연구에서,

그는 피드백을 다음과 같이 설명했다.

> 피드백은 학습의 주체(agent; 예를 들어, 교사, 동료, 책, 부모, 자신, 경험)가 누군가의 수행이나 이해의 측면에 대해 제공하는 정보이다. 교사나 부모는 교정을 위한 정보를 제공할 수 있고, 동료들은 다른 전략을 제공할 수 있고, 책은 아이디어를 명확하게 하는 정보를 제공할 수 있고, 부모는 격려할 수 있으며, 학습자는 응답의 정확성을 판단하기 위해 답을 찾을 수 있다. 따라서 피드백은 '수행의 연속'이다. (Hattie & Timperley, 2007, p. 81)

학습을 위한 피드백은 학습 주체자의 행위가 아니라, 학생이 진실이라고 믿는 것과 교사와 부모, 다른 책들, 자료 등이 전달하는 지식에서 포착된 문화의 집단적 지혜 사이에 개념적 연결고리를 기준점으로 제공하는 과정이다. 또한 피드백은 학생의 학습과 학생이 학습하고자 하는 것에 대한 정보를 교사에게 제공한다. 피드백은 노력을 더 하게 하거나 참여를 더 적극적으로 하게 할 수 있다. 이해하기 위한 다른 전략을 사용하게 할 수도 있고, 이해를 재구조화하게 할 수도 있다. 학습 과정에서 교사의 중요한 역할은 학생들에게 학습을 장려하고 학습을 하는 데 필요한 표지판과 방향을 제공하는 피드백을 제공하여 독립적인 학습을 할 수 있도록 하는 것이다.

학습을 위한 피드백에는 여러 종류가 있다. 피드백은 공식적이거나 비공식적일 수 있다. 또한 개별적이거나 집단적일 수 있다. 캐롤라인 깁스와 동료들(Gipps et al., 2000)이 설명한 바에 따르면, 피드백은 평가적이거나 서술적일 수도 있다(〈표 9-1〉 참조).

〈표 9-1〉 평가적 피드백 전략과 서술적 피드백 전략

평가적 피드백	• 보상과 벌 주기 • 찬성과 반대 나타내기
서술적 피드백	• 아이들에게 옳음 또는 그름을 말해 주기 • 대답이 왜 맞았는지 설명하기 • 아이들이 무엇을 얻게 되었고 무엇을 얻지 못했는지 알려 주기 • 무엇을 할 때 더 나은 방법을 명확히 알려 주거나 넌지시 알려 주기 • 아이들에게 그들이 더 향상되는 방법을 제안하게 하기

출처: Gipps et al. (2000).

교사들은 종종 칭찬이나 비난의 짧은 코멘트(보통 구체적이지 않은)와 등급의 형태로 평가 피드백을 제공한다. 이런 종류의 피드백은 학생들에게 그들이 '괜찮음' 혹은 그렇지 않음을 알려 주고 학습에 대한 학생 자신의 판단과 학습과 관련한 학생의 위치에 영향을 주지만, 학생들의 학습 과정에 방향을 제공하지는 못한다. 앞서 동기에 대해 언급한 것을 생각해 보면, 평가적 피드백은 성공을 인정하거나 부족함을 드러내는 외적인 상징이라는 점을 제외하고는 무엇이 학생의 감정을 고무시키는지에 대한 이해 없이 그저 자신에 대해 잘함 혹은 잘하지 못함만을 느끼게 만든다. 이러한 학생 중 일부는 특히 또래들과 사회적 비교를 하며 일시적인 자부심을 느낀다. 나머지 학생들은 치유해야 할 상처만 가진 채 남겨진다. 그리고 얼마 후, 학습뿐만 아니라 심지어 학교 자체도 그들의 삶에서 중요한 것이 아니게 되는데, 이는 그들이 학교에서 과제를 가치 없는 것으로 간주하고 자신의 기대를 다른 방향으로 돌리기 위해 부정적인 피드백을 사용하기 때문이다.

> 피드백은 학생들이 이미 이해하고, 오해하며, 구성하고 있는 것에 비추어 변화를 가져오는 일에 대한 정보와 이해를 학생들에게 제공하는 것이다.
>
> – 해티(Hattie, 2009)

반면에, 서술적 피드백은 학생들의 생각과 그들이 고려해야 할 다른 가능성을 분명하게 연결해 준다. 이는 성취할 학습과 관련된다. 또한 이는 잘못된 해석과 이해의 부족을 다룬다. 서술적 피드백은 학생들에게 현재 수행하고 있는 학습 과제에 대한 평가와 '잘된 작업은 어떻게 보이는가'를 바탕으로 하여 가시적이고 관리 가능한 다음 단계를 제공함으로써 학생들이 자기 평가(self-assessing)와 자기 교정에 책임을 지기 시작할 수 있게 한다. 피드백은 독립적인 활동이 아니다. 오히려 이는 개인이 처음에 자료를 처리하고 해석한 방식에 근거하여 정보를 제공하는, 초기 교수가 이루어진 후에 이어지는 교수 과정의 일부이다.

학생들이 과제를 해야 하는 이유를 알고, 가능한 한 과제를 이해하고, 무엇을 위해 노력해야 하는지 알 때, 거의 항상 그들은 과제를 하는 동기를 갖게 된다. 좋은 피드백은 이 활동의 균형을 유지하게 한다. 이를 통해 합리적인 목표를 설정하고, 수행을 확인하고, 지속적인 학습 과정에서 다음 목표를 설정할 수 있다.

셜리 클라크(Shirley Clarke, 2001)는 훌륭한 저서 『형성평가 알아보기(Unlocking Formative Assessment)』에서 피드백과 피드백 작동 원리의 이해를 목표로 한 그녀의 프로그램을 설명한다. 비록 그녀가 초등학교에서 근무하며 문해력에 초점을 두고 있지만, 그녀가 설명하는 원리들은 다양한 환경과 연령 집단에 일반화될 수 있다는 가능성을 보여 준다. 이 연구에서 그녀는 피드백이 과제의 학습 의도에 초점을 둘 때 가장 유용하다는 것을 발견했다. 그녀는 차시나 단원에 대한 구체적인 학습 목표를 학생들의 눈에 띄게 보여 주고, 수업 내내 주기적으로 활동의 중심점으로서 학습 목표를 확인할 것을 주장한다. 학생들이 과제를 수행하는 동안, 교사는 다른 일이나 다른 행동으로 인해 주의를 빼앗길 수 있다. 그러나 이는 학생들에게 버릇없음, 단정함, 그리고 이와 같은 것들이 수업보다 더 중요하다는 메시지를 주게 되며, 이로 인해 학생들 또한 산만해진다. 대신에 교사의 주요 초점은 개인과 모둠에게 아이디어를 이해하고 그들의 생각을 연결 짓도록 돕는 피드백을 주는 데 있어야만 한다.

또한 클라크(2001)는 학생들의 학습을 지도하기 위해 글쓰기에 피드백을 제공하는 방법을 다룬다. 그녀는 과제의 학습 목표와 직접적으로 관련이 있는 몇 가지 사항에 피드백을 집중시킬 것을 제안한다. 그녀는 형광펜을 사용하여 아동의 활동에서 학습에서 의도한 것의 예를 찾아 표시하고, 이렇게 강조된 요소 중 개선할 수 있는 부분을 보여 주는 몇 개를 선택한다. 그리고 선택한 부분의 빈칸에 화살표로 그녀가 '따라잡기(closing the gap)'라고 부르는 힌트를 적는 것이다. 이 힌트는 특정 학생에게 작업한 것을 수정하라는 조언으로, 교사가 그 학생에 대해서 알고 있는 것을 바탕으로 한다. 〈표 9-2〉는 그녀의 책에서 발췌한 사례이다.

내가 흥미롭다고 느낀 것은 교사가 종종 떠올리기(reminder) 조언을 사용하는 것이다. 이 떠올리기 조언을 통해 학생들은 더 많은 구조로부터 도움을 받고 스캐폴딩(scaffolding) 조언으로 학습에 추진력을 얻는다. 매우 빈번히, 학생들은 보기(example) 조언을 보면 곧바로 대안을 만들어 교사들의 기대를 뛰어넘었다. 학생들은 이러한 '따라잡기' 전략으로 동기를 부여받았으며, 교사들은 학생들이 빠르고 사려 깊게 반응하는 것에 놀라워했다. 표시하여 피드백을 주는 이러한 방식은 또 다른 흥미로운 방식을 만들어 냈다. 일단 학생들이 이 방법을 터득하면, 자기 자신뿐만 아니라 짝에게도 적용한다. 학생들은 교사가 강조할 내용에 대해 생각하기 시작한다. 그들은 자신의 선택에 대한 주장과 근거를 마련한다. 또한 서로에게 개선을 위한 의견을 제시하며, 비판적인 눈으로 자신의 작품을 다시 검토한다.

모든 피드백과 마찬가지로, 학생 작품의 질은 '따라잡기' 댓글의 수준에 따라 달라진다. 그저 피드백을 주는 것이 반드시 유용한 것은 아니다. 동기부여가 되지 않을 수도 있다. 피드백 그 자체에는 행동을 시작하게 할 힘이 없다. 대신에 피드백은 학생이 고려해야 할 표지판 또는 안내이며, 이는 현재 알고 있는 상태와 목표 사이를 연결 지어 주는 높

〈표 9-2〉 사용 가능한 따라잡기 조언 사례

학습 목표: 이야기의 시작 부분에서 인물을 효과적으로 소개하기 활동: 나는 알지만 반 친구들은 모르는 사람을 선택하여 글로 설명하기 우리가 배우게 될 것: 우리의 이야기를 위해 사람들의 성격에 대해 쓰기 우리가 완성했다는 것을 어떻게 알 수 있을까: (반 친구들과 함께 작성) 우리는 그들의 외모, 그들이 좋아하고 싫어하는 것, 그들의 성격, 그들의 태도, 그리고 다른 사람들이 그들에 대해 더 많이 알 수 있도록 돕는 여러 가지 것에 대해 썼을 것이다.
한 아이가 여름 캠프에서 알게 된 사람에 대해 글을 썼다고 가정해 보자. 이 사람에 대한 정보를 잘 알려 주는 몇몇 문구에 강조 표시를 한 후, 교사는 "이 사람은 좋은 친구이다."라는 문구에 별표를 한다. 다음과 같은 형식으로 '따라잡기' 조언으로 연결된 화살표를 사용할 수 있다. 떠올리기 조언: **이 사람에 대해 어떻게 생각하는지 더 말해 보세요.** 떠올리기 조언은 비유적인 언어를 잘 구사하지만 어떤 이유로 여기서 비유적인 언어를 사용하지 않은 학생에게 적합하다. 스캐폴딩 조언: **[질문] 이 사람이 좋은 친구인지 어떻게 설명할 수 있을까요? [지시] 또는 이 사람이 얼마나 좋은 사람인지 보여 주는 일을 묘사해 보세요. [문장 완성] 또는 그가 __________ 했을 때, 나는 그가 좋은 친구라는 것을 알게 되었다.** 스캐폴딩 조언은 더 많은 구조나 어떤 방향이 제시되면 계속 수행해 나갈 가능성이 있는 학생들에게 적합하다. 보기 조언: **친구에 대해 더 알려 주려면 다음 문장 중 하나를 선택하세요. "그는 나에 대해 불친절한 말을 하지 않았기 때문에 좋은 친구입니다." 또는 "내 친구는 내가 무엇을 하도록 도와줍니다."** 학생이 어려움을 겪고 있거나 개념을 이해하지 못하는 것처럼 보일 때, 보기 조언은 학습 의도가 담긴 실제 모델을 제공할 수 있다.

출처: Clarke(2001)에서 발췌.

은 수준의 피드백을 제공하는 이유이다. 피드백이 모호하거나 잘못되면, 학생들은 적절하지 않은 수정을 하게 되거나 학습해야 할 이유 또는 자신의 생각을 수정해야 할 이유를 알지 못하게 된다.

교사는 분명 피드백을 제공해야 하는 사람이지만, 교사만 피드백을 주는 것은 아니다. 동료와 부모처럼 학생들의 세계에 있는 사람들도 그만큼 중요한 존재이다. 왜 그럴까? 왜냐하면 학습은 사회적이기 때문이다. 초기 경험적 지식은 아이들의 삶의 구조를 형성하며, 보통 변화에 대해 저항적이다. 이는 삶이 그들에게 가르쳐 준 것이다. 사람들은 끊임없이 자신의 신념과 생각(그리고 그들의 공동체와 문화가 가진 신념)의 진실성을 주변 사람들이 가지고 있는 것과 비교함으로써 시험한다. 이러한 시험 과정에는 책, 미디어, 여러 자원이 관여하지만, 학생들의 내적 대화에 주로 관여하는 사람은 교사, 학부모, 동료들이다.

그렇다면 좋은 피드백은 어떤 모습일까? 좋은 피드백은 아이디어가 사실임을 입증하거나 부당함을 입증하는 증거를 제공한다. 학생들에게 그들의 학습과 학습 욕구를 성찰하는 기회를 준다. 또한 성취와 성장에 대한 인정과 적절한 칭찬을 제공한다. 학생 개인 혹은 모둠이 가진 구체적인 학습 요구를 대상으로 한다. 개선을 위한 명확한 방향을 제시한다. 학생들이 제안에 대해 생각하고 응답할 시간을 준다. 그리고 수행의 질과 배움에 초점을 둔다.

> 우리는 교사와 학습자, 학습자들 간에 이루어지는 대화가 형성적 실천의 핵심이라는 것, 그리고 이러한 실천으로 교사의 가장 주된 과제를 질적으로 향상해야 한다는 것을 알게 되었다. 그 과제는 학습자들이 자신의 학습을 이끌고 발전시키는 것에 더 전문적이고 책임감을 가질 수 있도록 학습 기회를 설계하는 것이다.
>
> – 블랙과 윌리엄 (Black & Wiliam, 2010)

피드백의 반복적인 성격을 설명하는 것이 쉽지 않지만, 나는 이것이 지속적인 과정임을 강조하는 것은 중요하다고 생각한다. 피드백의 과정이 원활하게 이루어질 때, 이는 서로 영향을 주고받는 흐름이 된다(Senge, 1990). 교사는 평가를 통해 학생들에게 그들의 이해와 오해에 대한 피드백을 준다. 학생들은 교사로부터 받은 피드백을 사용하여 그들의 이해를 조정하고 그들의 아이디어를 재고하여 또 다른 피드백과 학습의 확장으로 이끄는 새로운 개념을 제시하게 된다. 이 과정은 '사후(after the fact)'에 이루어지거나 한 번만 이루어지는 것이 아니다. 피드백은 교사와 학생, 그리고 학생 사이에 이루어지는 지속적인 대화의 부분이다.

서술적이며 반복적인 피드백은 학습자 자신을 학습자로 인식하는 것과 그들이 가진 자아존중감에 매우 다양한 영향을 미친다. 자신이 한 노력의 효과를 알고 그다음 무엇이 올지 알 때, 학생들은 계속 동기를 부여하고 그들의 성장이 자신의 학습과 어떻게 연결되어 있는지 알게 될 가능성이 높다.

도구로서 루브릭과 예시

최근에 한 전문성 개발 회의에서 어떤 교사가 내게 '자신을 루브릭'하기 위해 왔냐고 물었을 때 나는 웃음을 터뜨렸다. 이는 이 마법의 세계 혹은 루브릭에 접근하는 데 그가 필요한 것이 오직 주입(inoculation)밖에 없다는 소리처럼 들렸다. 루브릭이 올해 교육계에서 유행하고 있다는 것은 의심할 여지가 없다. 여러분은 이미 앞 장에서 루브릭을 보았다. 이 장에서는 루브릭 사용에 대해 자세하게 설명하고, 루브릭을 효과적으로 만드는 방법에 대한 몇 가지 제안을 할 것이다. 이 책은 루브릭을 개발하는 최고의 방법을 설명하는 곳은 아니다(루브릭의 좋은 예시와 루브릭을 만드는 방법은 Arter & McTighe, 2001 또는 Burke, 2011 참조).

불행히도, 많은 교사는 여전히 루브릭의 목적이 학생들을 범주에 넣는 것이라는 생각에 매달려 있다. 수행의 기준을 가시화하는 메커니즘으로 루브릭의 힘을 인식하는 대신, 그들은 수행의 수준을 드러내는 설명을 특정한 숫자로 바꾸어 버린다. 학생들은 '2' 또는 '3'과 같은 숫자로 빠르

> 루브릭은 기준을 나타내는 특정한 형태이다. 이 기준은 모든 점수를 다루며 그 점수의 정의를 기록한 형태를 띤다. 최고의 루브릭은 표현된다. 질적 수준을 판단할 때 교사들이 찾는 것의 본질을 다루는 방식으로 표현되며 좋은 수행을 구성하는 것이 무엇인가에 대한 해당 분야의 가장 좋은 생각을 반영한다.
>
> – 아터와 맥타이
> (Arter & McTighe, 2001)

게 분류된다. 그 결과는 역효과를 낳는다. 학습을 위한 매우 유용한 도구는 분류를 위한 또 다른 메커니즘이 되어 버리고, 학습과 교수에 담겨 있었을 가치는 사라져 버린다. 지금쯤은 내가 주장하고 있는 종류의 평가는 학생들을 넣을 자리를 찾는 것보다 학생들의 학습을 돕는 데 더 관련되어 있다는 것이 분명해져야 한다.

좋은 루브릭은 교사와 학생이 앞으로 어떻게, 어디로 나아가야 하는지에 대한 설명에 비추어, 학생의 작업을 분석할 수 있게 한다. 때때로 루브릭은 아무리 좋은 것이라 할지라도 충분하지 않다. 로이스 새들러(Royce Sadler, 1989)는 학생들이 탁월함(excellence)이 어떤 모습인지에 대한 시각적 이미지를 가져야 하는 이유를 설명하는 획기적인 논문을 썼다. 탁월함에 대한 지식은 일련의 인지적 태킹 전략(cognitive tacking maneuvers)을 통해 점진적으로 발달한다. 기준과 설명은 진행 과정 내내 기준점을 제공하지만, 탁월함을 보는 것을 대신할 수는 없다. 어떤 분야에서도 탁월함이 한 가지 모습으로 나타나지는 않는다. 탁월함에 대한 다양한 이미지가 어떤 것인지 많은 학생이 보거나 듣거나 상상할 필요가 있다.

학생들이 어려운 목표, 특히 복잡하고 새로운 학습과 다양한 기능의 통합이 요구되는 목표를 향해 노력할 때, 목표에 도달했을 때의 모습과 전문가들이 어떤 과정을 거쳐 목표에 도달했는지 아는 것은 도움이 된다. 그들이 무엇을 향해 가고 있으며, 도달하는 데 얼마나 걸리는지, 각 단계는 어떤 모습인지에 대한 이미지를 갖는 것은 학생들이 학습 과정에서 시각화하고 노력할 수 있도록 동기를 부여하고 목표를 제공한다.

자신의 경기력을 개선하고 확장하려는 운동선수를 생각해 보자. 그들이 인정하는 전문가가 하는 방식을 관찰하고, 자신의 경기를 촬영하며 그들의 스타일을 세부적으로 조정하는 데 훨씬 효과적이기 때문에 그들에게 개인용 비디오카메라는 필수적인 도구가 되었다. 전문가의 활동 영상은 변화를 위한 목표를 제공하지만, 개별 선수들은 단순히 전문가를 모방하는 것이 아니라 자신의 체형과 특기를 고려하여 경기력을 향상시킨다.

브라스밴드 사례

작은 시골의 중등학교에 근무하는 한 음악 교사는 브라스밴드에서 스윙 음악을 연주했던 매우 뛰어난 트럼펫 연주자로, 금관 악기 연주법을 배우기를 원하는 학생들을 위해 방과 후 프로그램을 개설했다. 그는 화요일 방과 후에 밴드 수업을 하겠다고 말했다. 학교에 속한 사람이면 누구나 올 수 있으며, 수업에 참여하는 유일한 조건은 수업에 빠지지 않고 참석하고 연습을 하는 것이었다. 그는 수업에 참여하는 학생들에게 "우리는 봄 콘서트에서 연주를 할 거예요. 그리고 여러분은 콘서트에서 정말 연주를 잘할 겁니다."라고 약속했다.

그는 첫 방과 후 수업에 '트롬본을 연주하곤 했던' 한 교사와 록밴드에서 드럼을 연주했던 하급 관리인을 포함해 20명 이상이 모이자 놀라움과 기쁨을 감추지 못했고, 이 그룹에 무엇인가를 더할 수 있으리라 생각했다. 그는 오합지졸과 같은 이 사람들에게 기운을 북돋는 연설을 시작했다.

> 우리는 모두 함께 이 일을 합니다. 밴드는 전체 그룹으로만 활동할 수 있습니다. 그래서 우리는 혼자 그리고 함께 배움으로써 음악 연주를 해낼 수 있습니다. 우리가 어떻게 할 건지 지금부터 알려

> 줄게요. 저는 오늘 여러분이 빅 밴드(big band) 음악을 몇 곡 들으시기를 바라요. 그리고 여러분이 각각의 곡에 대해 무엇을 좋아하는지 또는 좋아하지 않는지 이야기를 나눌 겁니다. 저는 여러분에게 악기를 소개해 드리고, 악기가 어떤 소리를 내는지 들려 드리고, 어떻게 악기를 연주하는지 보여 드릴 겁니다. 여러분이 들을 음악의 복사본이 있으니 집에 가져가셔서 다시 들을 수 있습니다. 다음 주에 만나면, 누가 어떤 악기를 연주할 것인지, 어떤 곡으로 시작할 것인지 결정할 겁니다. 여러분이 연주하고 싶은 악기가 있다면 이번 주에도 악기를 가지고 가실 수 있어요. 아니면 방과 후에 와서 원하는 것을 연주해 볼 수 있어요.

그의 첫 연설은 나머지 빅 밴드 프로그램의 분위기를 띄웠다. 결국 모든 사람이 악기를 선택했고, 배우기를 희망한다고 밝혔다. 거기서부터 진짜 활동이 시작되었다. 주간 수업의 일과는 간단했다. 초기 수업은 다음과 같이 이루어졌다.

- 연주한 곡을 녹음하여 곡의 부분을 듣기
- 곡의 부분을 그룹으로 연습하기
- 밴드의 일부 구성원을 위한 개별 연습(교사는 그들의 파트에서 잘하는 것을 확인해 주기)
- 그룹에 있는 모든 사람은 간단한 PMI(장점, 단점, 흥미로운 점)를 기반으로 이들에게 개별적으로 피드백하기
- 특정 악기의 녹음만 듣기
- 좋은 연주를 위해 특히 그룹 안에서 필수적인 것은 무엇인지, 특정 연주자에게 고유한 것은 무엇인지에 대해 토론하며 개인 연주를 녹음한 것에 대해 분석하기

매 수업이 끝난 후에 교사는 주중에 그를 만날 학생 몇몇을 확인했다. 학생들은 개인 수업에 오기 전에 특히 어려운 부분을 연습했고, 연습하는 동안 그들의 연주를 녹음했다. 그들은 녹음된 연주 중 세 개를 개인 수업에 가져왔고, 교사는 그들의 연주를 듣고 수정할 수 있도록 그들과 함께 활동했다. 일단 수업이 끝나면, 학생들은 악기의 전문가들이 동일한 곡을 서로 매우 다르게 연주한 여러 개의 녹음물을 받았다. 과제는 여러 연주가의 유사점과 차이점을 분석하고 설명하는 것, 그리고 그들의 연주에 이러한 내용 중 일부를 도입하는 것이었다.

시간이 지남에 따라, 각 학생은 완벽한 연주가 아니라 학습이면서 최종 연주를 만들어 내는 과정에 있는 단계로서 완전한 그룹을 위한 개인 연주를 했다. 이 프로그램의 분명한 목적은 그룹이 솔로 연주가이자 밴드의 부분인 개인에게 연주에 도움이 되고 도전적인 피드백을 제공함으로써 전체로서 작품이 연주될 것이라는 점이었다. 교사는 여러 사람과 다양한 악기를 위해 자신의 재능을 상당히 발휘하여 곡을 새롭게 편곡했다. 심지어 그는 재능을 가진 록밴드 드러머에게 빅 밴드의 드러머 자리를 찾아 주었다.

최종 연주는 엄청난 성공을 거두었지만, 이는 그들이 배운 것에 비하면 아무것도 아니었다. 이 그룹의 학생들은 다음을 배웠다.

- 단 하나의 정답이라는 것은 없다.
- 연습할 때 무엇을 연습하고 어떻게 하면 잘할 수 있을지 안다면, 더 나아질 수 있다.
- 처음에 혼란스러운 소음처럼 들리는 소리는 분해하여 이해할 수 있고, 다시 합치면 차이를 들을 수 있다.
- 어디로 향하는지 듣거나 볼 수 있으면 더 쉽게 도달할 수 있다.
- 함께 일할 때, 한 사람이 할 수 있는 것보다 더 큰 것을 만들어 낼 수 있다.

 아이디어, 연결 그리고 확장

영과 윌슨(Young & Wilson, 2000)은 교실에서 교사가 실행할 수 있는 평가 방식으로 ICE(Ideas: 아이디어, Connections: 연결, Extensions: 확장) 방식을 설명한다. 이는 학생, 교과, 연령 및 학교급에 걸쳐 일반화가 가능하며 성장을 평가하는 사용하기 쉬운 기술이다(p. 2). 나는 교실에서 수업과 피드백을 구조화하는 것에 대해 고민하는 교사들에게 이것이 유용한 조직자가 되리라 생각한다. ICE는 〈표 9-3〉에 설명되어 있다.

〈표 9-3〉 성장을 평가하기 위한 ICE 방식

ICE의 뜻	설명	근거
아이디어 (**I**deas)	아이디어는 학습의 기본 요소이다: 과정에서 단계, 필요한 용어 그리고 배움의 기초를 형성하는 입문 기능 아이디어는 노트와 교과서에 있는 정보이기도 하고, 진행 과정의 단계이며, 행동을 위한 지침이기도 하다.	학생들은 다음을 나타낼 것이다. • 기본 원칙 • 기본 사실 • 용어, 정의 • 세부 사항 • 기본 개념
연결 (**C**onnections)	연결은 두 가지 아이디어 사이에, 셋 이상의 아이디어 사이에, 선행 지식과 아이디어에 함께 존재하는 관계와 패턴이다. 초보자는 지시나 설명서를 따른다. 전문가는 패턴을 보고 다른 아이디어와의 근본적인 연관성을 이해하기 때문에 쉬운 방법을 이용할 수 있다.	학생들은 다음 사항을 말할 것이다. • 기본 개념 간의 관계 또는 연결 • 새로운 아이디어와 그들이 이미 알고 있는 것 사이의 관계 또는 연결
확장 (**E**xtensions)	확장은 학습 성장의 마지막 단계이며 수행을 위한 규칙을 참고할 필요가 없을 때, 정보의 의식적인 연결 혹은 심지어 자신의 경험과의 연결마저 필요하지 않을 때 일어난다. 그들은 학습을 충분히 내면화했기 때문에 이는 인간으로서 그들을 정의하는 것에 이바지한다. 규칙은 비록 겉으로는 표현되지 않더라도 의미 있는 '격언' 혹은 진리를 위해 폐기되어 왔다.	학생들은 다음을 함으로써 관계가 내면화된다는 것을 보여 준다. • 참신하고 창의적인 방식으로 새로 알게 된 지식을 사용하여 아이디어나 개념을 확장하며, 종종 기존의 학습 상황을 훨씬 뛰어넘음 • 가상의 질문에 답하기, 이것은 무엇을 의미하는가? 이것은 어떻게 나의 세계관을 형성하는가?

출처: Young & Wilson(2000)에서 발췌.

저자들은 ICE 방식이 합리적이며, 많은 활동으로 바쁜 하루를 꾸려 나가는 교사들도 활용할 수 있다는 것을 발견했다. 사실, ICE는 학습과 학생 개개인에게 초점을 맞추고 순조롭게 활동을 이끌 수 있게 하는 조직자이다.

더 생각해 보기

1. 여러분이 수업 중인 단원에 대한 ICE 차트를 작성해 보라. 단원을 구성하는 아이디어, 연결, 확장을 파악하라. 학생들의 아이디어, 연결, 확장 기능을 확인할 수 있는 평가 과제를 만들라.
2. 학생들의 활동을 고려하고 어떤 종류의 피드백 조언을 사용할지 결정하기 위해 팀으로 작업해 보라. 시작하기 전에 활동의 초점이 되는 개념이나 기능을 확인하는 것을 기억하라.

ASSESSMENT

성찰과 자기 조절을 위해 평가 사용하기

AS LEARNING

이쯤에서 확실한 것은 자기 평가(self-assessment), 자기 모니터링, 자기 조절은 학습에서 핵심적이며 **학습 과정으로서의 평가**의 초점이 된다는 것이다. 이전에 설명했듯이 학습이란 생각을 구성하고 세상을 이해하는 능동적인 과정이다. 아이디어는 이 과정에서 원재료가 되며, 기존의 지식과 신념은 새로운 학습을 가능하게 하기도 하고 방해하기도 한다. 학습은 자기 모니터링과 인식에 매우 의존적이다. 자기 조절적인 학습자는 자신의 학습 환경을 통제하므로 성공적인 학습을 한다. 그들은 학습 목표를 향해 방향을 설정하고 자신의 행동을 조절함으로써 통제력을 행사한다. 아이디어를 조직, 종합, 재조직하는 인지 루틴을 개발하고, 자기 모니터링을 사용한 피드백을 통해 새로운 아이디어, 조합 혹은 패턴을 만들어 낸다.

> 자기 조절 학습은 학생들이 학습의 과정과 이후 성공적인 수행에 필요한 자율적이고 변화에 맞게 조정하는 학습 특성을 습득하는 것을 도와준다. 형성평가에 대한 이론은 실천을 안내하고 학생의 자기 조절 전략을 발전시킴으로써 학습 과정을 개선하는 통합적인 교수 이론이다.
>
> \- 클라크
> (Clark, 2012)

이것이 자신의 학습과 행동을 통제하고 평가하는 **자기 조절**(self-regulated) **학습**이다. 이는 **메타인지**(자신의 생각에 대한 생각), **전략적 행동**(기준에 비추어 자신의 진보를 계획, 감시, 평가), **학습 동기**에 의해 안내된다(Butler & Winne, 1995).

형성적인 평가, 특히 **학습 과정으로서의 평가**는 실천을 안내하고 학생의 자기 조절 전략을 발전시킴으로써 학습 과정을 개선하는 통합적인 교수 이론을 제공한다.

조조의 사례

내 조카 조앤나[Joanna, 집에서는 조조(Jojo)라고 부름]가 5세였을 때 나에게 와서 "모든 고양이는 여자고, 모든 개는 남자야."라고 말했다. 왜 그렇게 믿게 되었는지 물어보자, 다음과 같이 말했다. "이모의 고양이 몰리는 여자고, 작고 부드럽지. 여자아이들도 작고 부드러워. 고양이는 여자야. 옆집에 사는 개는 남자야. 남자아이들이 크고 거친 것처럼 그 개도 크고 거칠어. 개들은 남자야." 확실히 그녀는 문제를 파악했고, 주변 환경에서 조사했고, 데이터를 수집했고, 가설을 세우고, 검증을 했으며, 그 가설은 성립했다. 꽤 논리적이라고 할 수 있다.

나는 책장에서 개에 대한 책을 꺼내서 작고 부드러운 치와와의 그림을 보여 주었다.

내가 "이것은 무엇이지?"라고 물어보았다.

조조는 "개야."라고 대답했다.

"여자아이야, 남자아이야?"

"남자아이야. 개들은 남자야."

내가 "하지만 작고 부드럽잖아."라고 지적했다.

그러나 조조는 "때로 개는 작고 부드러울 수 있지."라고 말했다.

나는 강아지들에게 둘러싸인 아이리시 세터의 사진을 보여 주었다. 그녀는 당황했다.

"이건 뭐지?"라고 내가 묻자, "개야."라고 조금 주저하면서 대답했다.

"남자일까, 여자일까?"

그녀는 한참을 망설이다가, "아마 아버지일 거야."라고 말했다. 그러고는 확신 없는 듯 재빨리 물었다. "로나 이모, 개들이 여자일 수 있어?"

이 일화는 우리 모두가 주변 세상을 이해하려고 할 때 사용하는 성찰과 자기 모니터링의 과정을 단순하지만 생생하게 보여 준다. 조조는 자신이 알고 싶어 하는 것(고양이와 개의 성별)에 대한 개념을 가지고 있었다. 그녀는 처음 알아본 것에 근거하여 결론을 내렸다. 이 개념을 실생활의 다른 예와 비교할 기회를 준 교사(나)의 개입으로, 그녀는 자신이 이해한 것과 다른 증거 사이의 차이를 알 수 있었다. 일단 새로운 지식을 얻자, 그녀는 빠르게 자신의 관점을 조정하고 대안적인 관점을 고려했다. 이 이야기에서 평가는 아주 간단하게 '어떻게 알고 있는가?'라는 질문이다.

최고의 평가자로서의 학생

우리는 학생들이 스스로 시작하고 스스로 동기를 부여하는 평생 학습자가 되기를 바란다. 만약 학생들이 자신의 지식과 재능을 가지고 의사결정을 내리고 행동하는 비판적 사고가와 문제해결자가 되려면, 자기 평가(self-assessment)와 자기 조절 능력을 길러야 한다. 누군가 옆에서 정답을 말해 주기를 기다릴 수는 없는 것이다. 이 책의 다른 장에서 나온 모든 아이디어는 이 단계에서 학습의 중요한 요인들로 작동한다. 구체적으로 살펴보면 다음과 같다.

- 학습이라는 실제적인 작업에 학생을 참여시키는 것이 최선의 동기 부여이다.
- 명확한 목표와 좋은 학습 결과물이 어떠한 모습인지 보여 주는 가시적인 예시는 학생들이 학습을 다 마쳤을 때뿐만 아니라 학습을 진행하는 과정에서도 학습의 계기를 마련해 준다.
- 학생들에게 목표와 학습 방법, 학습이 성공했음을 알려 주는 지표

를 결정하도록 하는 것은 학생들의 자아인식을 높이고, 그들이 오류를 확인하고 대안을 고려하고 조정할 수 있도록 도와준다.

- 진단 평가는 교사가 학생들과 공유할 수 있는 학습 길잡이가 된다.
- 서술적 피드백은 독립성을 최대한 제공하면서도 다음 단계로 나아갈 수 있게 한다.
- 의사결정을 공유하고 학생들에게 자신의 학습 결과를 모니터하는 것을 연습해 보게 하면, 그들은 자신의 학습 결과와 판단에 대해서 중요한 결정을 내릴 수 있는 자신감과 능력을 얻을 수 있다.
- 이 과정에 부모와 동료를 참여시켜 학습의 과정에 조력자와 공모자가 되게 한다.

자기 조절 습관을 계발하기

> 우리가 계속 염두에 두어야 할 것은 평가의 궁극적인 목적이 학생들이 자신을 평가할 수 있도록 하는 데 있다는 것이다. 교육자들은 학습자를 배제하고 평가 기술을 익혀 왔을지도 모른다. 우리는 이제 책임의 한 부분을 학생에게 이양할 필요가 있다. 학생들이 자신의 방향을 설정하고 재설정하도록 촉진하는 것이 교육의 중요한 목적이 되어야 할 것이다. 그렇지 않으면 교육은 무엇을 위한 것인가?
>
> - 코스타
> (Costa, 1989)

창의적이고, 비판적으로 사고하며, 자기 조절적인 사고가들이 사용하는, 그리고 학생들(그리고 그 문제에 대해 많은 성인)이 계발해야 할 사고 습관(habits of mind)에 대해 많은 이가 언급해 왔다. 이 습관들은 자기 삶의 어느 지점에서든 그들이 무엇을 원하고 알아야 할 필요가 있는지 그들 스스로 배울 수 있도록 해 주는 사고방식이다(Marzano, Pickering, & McTighe, 1993).

사람들이 성공하거나 실패할 때, 자신의 성공이나 실패의 원인을 노력, 능력, 과제 요인 또는 운과 같은 여러 측면에서 찾는다. 이러한 속성 중 첫 번째인 노력만이 그 상황에 맞는 동기를 촉진한다. 학생은 더 열심히 노력하기로 결심하고 성공할 수 있다. 다른 원인인 능력, 과제 난이도, 혹은 운은 모두 학생들의 통제 밖에 있다. 학생들은 자신의 성취가 자신의 통제 밖에 있을 때 학교에서 공부할 동기가 생기지 않는다.

특히 여러 저자는 탐구하는 사고 습관을 개인과 집단에 있어서 풍부한 학습의 핵심적인 요소로 꼽는다(Earl & Lee, 1998; Katz, Earl, & Ben Jaafar, 2009; Newmann, 1996). 만약 학생들이 이러한 사고 습관을 기르고 탐구하는 마음 자세를 지니게 되려면 지속적으로 진정한 성공을 경험할 필요가 있다. 위험을 무릅써도 괜찮고 피드백과 지원을 바로 이용할 수 있으면서 도전적이라는 느낌을 가질 수 있어야 한다. 이것은 실패가 없는 것을 의미하지 않는다. 자신의 사고 습관을 이용해서 오개념과 정확하지 않은 것을 잡아내고 보다 완전하며 일관된 이해로 나아갈 수 있도록 작업하는 것을 의미한다. 교사는 학생들이 자신의 학습을 모니터하는 자신감 있으면서 능력 있는 자기 평가자(self-assessor)가 될 수 있는 환경을 만들 책임이 있다.

> 나는 경기에서 지는 것을 연구로 생각하지, 실패로 생각하지 않는다.
>
> \- 빌리 진 킹
> (Billie-Jean King, 테니스 스타)

정서적 안정

평가를 학습 과정의 긍정적인 부분으로 받아들이는 독립적이며 책임감 있는 학습자가 되는 것은 쉽게 이루어지지 않는다. 청소년뿐 아니라 사실 많은 성인에게도 매우 두려운 일이다. 그래서 어떤(아마도 많은) 학생들이 이 아이디어를 전적으로 받아들이지 못한다 해도 놀랄 일이 아니다. 자기 평가(self-assessment)에 참여하고자 하는 학생들의 의지는 자아 개념 및 자존감과 밀접하게 연결되어 있다. 비록 성공이 즉각적이지 않아도 지속성은 성공에 대한 기대에 달려 있다. 그러나 실패 경험이 있거나 실패를 두려워하는 학생들은 학습의 기회를 의식적으로 피함으로써 자신을 보호하는 전략을 쓴다. 자신을 자신의 능력에 비추어 생각하는 학생들은 종종 점수를 자기 가치의 표상으로 보고 그것에 의존한다. 그리고 그들은 도전을 미지의 것에 자신을 맡기는 것이 아닌 자신이 느끼는 자신감의 위치에서 더 나아가려고 하는 것에서 찾는다. 안전한 순간이나 학습 일화 몇 개로는 충분하지 않다. 이것이 규준이 되어야 한다.

> 정서적 안정은 지적인 도전에 필수적이다.
> – 깁스, 맥컬럼, 하그리브스
> (Gipps, McCallum, & Hargreaves, 2000)

좋은 결과물이 어떠한지 보여 주는 많은 예

교육과정 안내서와 성취 기준은 학생들에게 기대하는 것에 대한 대강의 이미지를 제공하지만, 학생들에게 전문가들이 이를 수행했을 때 모습이 어떠한지 여러 이미지를 보여 주는 것만큼 강력한 것은 없다. 학생들은 당면한 기대치를 보고 듣고 느끼기 시작할 뿐 아니라, 생길 수 있는 차이들과 그러한 차이들의 정당성을 인식하게 된다. 수학과 같은 교과에서도, 기본 원리를 이해한 전문가들이 공식을 문제 해결을 위한 빠른 메커니즘으로 적용할 수 있을 때 정밀함과 정확성에 이르게 되는 사례가 있다. 당구대 사례에서도 수를 세는 것에서 패턴 파악으로 그리고 그 관계를 대수적 표기라는 상징적 표상으로 나아간 학생들은 그 패턴이 작동하는 방식을 '보았다'. 그들은 새로운 상황으로 전이시킬 수 있는 '전문성'을 획득했다. 패턴을 '이해하지' 못한 학생들은 다음 단계로 넘어가기 위해서 보다 많은 사례와 구체적인 활동을 가지고 하는 연습이 필요했다. 비록 학생들이 어떤 분야에서 전문가 수준에 결코 도달하지 못하거나 도달하고자 노력하는 상황일지라도 그 교과가 무엇을 가능하게 하는지를 보는 것은 그 자체로 가치가 있다. 예술, 음악, 혹은 문학을 배우는 학생들은 그 분야의 거장들이 만든 작품에서 영감을 받는다. 지리,

과학, 혹은 컴퓨터 프로그래밍을 배우는 학생들도 그럴 수 있다.

일단 학생들이 자신이 어디를 목표로 하여 나아가고 있는지를 인식하게 되면, 교사는 그 길의 단계와 전문가들이 기대를 충족시키기 위해 어떻게 고군분투하는지에 대한 대략의 예시를 제공할 수 있다. 이것은 빅 밴드 사례의 핵심 요소이다. 나는 최근에 고등학교 영어 쓰기 교재에서 작가 마거릿 애트우드(Margaret Atwood)의 신작 소설의 앞부분에 손으로 쓴 페이지의 이미지가 포함된 것을 본 적이 있다. 그것은 많은 단어가 줄로 그어져 삭제되고 페이지 여백에 메모가 적혀 있는 지저분하고 읽기 힘든 모습이었다. 이후의 장에서 같은 페이지가 지금은 컴퓨터 파일의 형태로 여전히 많은 아이디어가 뒤섞여 있고, 절반만 완성되어 있고 괄호에 많은 메모가 적힌 형태로 나타났다. 책의 뒷부분쯤에 같은 부분이 만들어졌는데 이것은 최종본이었다. 이것은 시작할 때와 완전히 다른 모습이었다. 학생들은 이것을 사용해서 애트우드가 어떻게 생각하고 있는지 그리고 왜 그렇게 고쳤는지를 분석했다. 그리고 그들은 현재 진행되고 있는 자신의 사고와 글쓰기 과정에 적용할 수 있는 분석을 연습하고 있었다.

실질적인 참여와 책임

교사가 학생들을 참여시키고 독립성을 길러 주기 위해 노력할 때, 그들은 진정으로 학생들이 자신의 학습에 책임감을 가지고 이를 현명하게 잘 수행할 수 있도록 하는 도구를 주게 된다. 그렇지 않으면 어떻게 전문가들의 특징인 자기 조절 기능을 계발할 수 있을 것인가? 학생들이 저절로 유능하면서도 실질적인 자기 평가자(self-evaluator)가 될 수는 없을 것이다. 그들은 스스로 평가하는 기능을 배우고 일상적인 연습과 도전적인 연습을 할 기회를 가져야 하고, 자신이 내린 판단을 검증하고 질문할 수 있는 내부적인 피드백 혹은 자기 모니터링 메커니즘을 개발해야 한다. 학생들이 독립적인 학습자가 되기 위해서는 기능, 태도, 기질을 복합적으로 통합해야 할 필요가 있다. 이것들은 도움 없이 저절로 나타나지 않는다. 다른 복잡한 기능들처럼 배워야 하고, 시간이 지남에 따라 계발된다. 이 장 뒷부분에 나오는 '선택 사례'는 특정 업무뿐 아니라 삶에서도 독립성을 구축하는 훌륭한 예이다. 전문가들은 출발점에서는 유리할 수 있는 특별한 재능으로 시작할 수 있지만 목표를 세우고, 자신의 사고와 세계를 조직하고, 자기 모니터링과 자기 교정을 하면서 나머지를 배워야 했다. 이러한 기능은 학생들이 따라야 할 규칙처럼 게시하는 것이 아니라 목표 수립, 자신의 세계 조직(처음에는 작게), 진보의 점검, 배운 것을 바탕으로 세운 계획 변경의 과정에 학생들을 지속적으로 참여시킴으로써 학습된다.

학습을 위한 기록과 통지

새로운 아이디어를 학생이 알고 있는 것과 통합하고 이것을 학생의 학습에 정보를 주는 방식으로 사용하기 위해서는 기록과 통지도 바뀌어야 한다. 기록하고 보고하는 시간을 '채점'과 '통지표' 작성의 날로 보내는 대신, 교사는 매일, 때때로, 즉시, 조금 더 체계적인 방식으로 노트를 작성하고 기록해야 한다는 것을 알게 된다. 기록은 판단보다는 기술적인 성격을 띤다. 폴(Paul)이 무엇을 했는가? 제시(Jesse)에게 어떠한 촉진자를 사용했는가? 어떤 작업 결과물이 시간이 지남에 따른 학생의 성장을 보여 주는가? 데이터는 학생들에 대한 가치 진술이 아닌 학습에 대한 이정표로 쌓여 가며, 학생은 이 데이터의 주요 고객이 된다.

초점이 있는 피드백

효과적인 피드백은 학생의 자기 조절을 위한 평가의 핵심을 구성한다. 왜냐하면 학생들은 현재 자신이 지닌 동기, 생각, 의견, 신념, 잘 아는 기능을 정교화하도록 격려받고, 자기 안에 숨어 있는 암묵적 지식을 투명하게, 명백하게, 사용할 수 있게 만들기 때문이다. 피드백이 학생들이 실제로 자신이 만들어 낸 것과 자신이 이해 가능한 기준점 사이의 차이를 확인할 수 있게 해 줄 때, 학생들은 동기를 얻고 자신이 가진 개념으로 작업하며 조정을 할 수 있게 된다. 교사가 할 일은 합리적인 방향성과 사례를 비롯한 최신의, 정확하고, 초점이 있는 피드백을 제공하여 학생이 계속 나아갈 수 있게 해 주는 것이다. 비공식적인 피드백은 학생들의 사고에 초점을 재부여하고 학생들이 자신의 사고와 감정을 모아 좌절과 혼동을 덜어 내면서 계속 나아가게 할 수 있다. 떠오르는 사례는 매우 광범위한데, 교사가 잠깐 멈추어 형성적인 질문을 하는 것부터 아이디어를 공유하고 이에 도전하는 모둠 간 논의까지 포괄한다.

자기 평가(self-evaluation)를 위한 공식적인 피드백은 학생들이 교사와 만나 자신들이 어디쯤 있고, 어디로 향해 가고 있는지를 논의하고 그곳에 도달하기 위한 절차들을 협의할 때 일어난다. 이처럼 간혹 찾아오는 공식적인 기회는 모둠을 재구성하고, 새로운 기능을 만들고, 필요하다면 기존의 기능을 재확인하여 부가적인 전략들을 갖추어 좀 더 힘을 얻고 다시 시작해 보게 한다.

논의, 도전 그리고 성찰

아이디어는 '준비된 상태'로 학생들의 정신에 전달되지 않는다. 조조의 이야기가 보여 주었듯이 새로운 아이디어는 주의 깊은 사려, 추론에 입각한 분석, 그리고 그만큼 중요한 글, 그림, 사람들과의 상호작용을 통해서 나타난다. 학습은 사적인 것도 아니고 조용하지도 않다. 개개인의 마음에서 일어나지만, 바깥세상 그리고 그 세상을 살아가는 사람들과 끊임없이 연결되어 있다. 또래와 부모는 이 과정에서 점수나 호의를 주는 판단자가 아닌, 강력한 지지자이자 기여자가 될 수 있다. 즉, 분석하고, 비교하고, 재고하고, 학습을 이루는 것을 강화하는 강력한 지지자이자 기여자가 될 수 있다. 예를 들어, 협동 학습 방법인 '어항 활동'을 생각해 보자. 한 모둠의 학생들이 문제와 문제를 분석한 것을 논의하고 나머지 학생들은 그 모둠 주변에 앉아서 아이디어, 경쟁 가설, 유용할 수도 있는 자원, 다음 단계를 위한 제안을 메모한다. 논의를 마칠 때 모둠 주변을 둘러싼 원에 있던 학생들은 포스트잇 종이에 자신의 아이디어를 적고, 어항 그룹에 있던 학생들은 그 메모를 받아서 그것을 이슈에 대한 다음 논의의 출발점으로 삼는다. 학습은 사회적인 활동이다. 동료와 부모가 학생의 학습 과정을 지원하기 위한 자신의 역할과 상황을 이해하면, 학생들이 자신이 진실이라 믿는 것을 다른 사람들의 관점, 견해, 도전과 관련해서 생각해 보게 하는 데 핵심적인 역할을 수행할 수 있다.

연습, 연습, 연습

다른 복잡한 기능과 마찬가지로, 자기 평가(self-evaluation)는 자동으로 되려면 집중과 연습이 필요한 힘든 작업이다. 대개는 반복적으로 시도하고 그것을 가지고 작업해 보고 한동안은 불편함을 느끼기도 하고 새로운 반응을 경험해야 한다.

> 학생들이 스스로 학습의 방향을 설정하고 관리하는 권한을 부여하는 평가의 '비밀 정원'에 들어갈 수 있도록 함으로써 얻는 것이 매우 많다.
>
> – 브로드풋 (Broadfoot, 2002)

선택 사례

내가 일했던 중등학교에서 교직원들은 중등학교를 보다 인간적인 곳으로 바꾸기 위해서 9학년 학생들을 한 그룹으로 구성하고 그 학생들을 대상으로 하는 프로그램에 일관성을 부여하고자 했다. 시간표를 보면 70분을 단위로 하고 있으며, 학생들은 각 수업에 그룹으로 이동했다. 그 학기의 핵심 프로그램은 수학, 영어, 응용 컴퓨터, 프랑스어이다. 네 명의 교사가 그 학생들을 가르쳤는데, 그들은 수업을 함께 계획하고 때로는 함께 가르쳤다. 내가 그들과 보낸 하루를 이야기하면 다음과 같다.

그날은 여느 중등학교의 일과와 같이 시작했다. 학생들은 출석 체크, 공지사항, 시작 활동을 위해서 담임 선생님이 있는 자기 교실에 있었고 소곤거리는 소리와 사람들의 움직임 소리로 휩싸여 있었다. 나는 그들 중 한 명의 교사(수학 선생님)와 도착했고 그의 교실 뒤쪽에 앉았다. 그런데 그의 교실은 여느 고등학교 교실과 달랐다. 벽에 무엇인가 있었다. 학생들의 작품이 걸려 있었고, 수학 교육과정 문서에 제시된 기대치를 담은 포스터가 있었다. 그리고 일반적인 계산기와 그래프를 그릴 수 있는 계산기가 있었고, 구체물이 있었고, 참고자료 책이 있었고, 한쪽 테이블에는 여러 대의 컴퓨터가 있었다. 교실의 한쪽 구석에는 상업용으로 만들어진 혹은 집에서 만든 게임, 퍼즐, 카드로 둘러싸인 둥근 테이블이 있었다. 공지사항 안내가 끝난 후, 교사는 '종 울리기'로 복습을 시작했다. 그는 수업에 일찍 들어가서 개방형(open-ended)의 수학 문제들을 네 명씩 모여 있는 탁자에 올려놓았다. 나는 학생들이 그날 종을 울리는 것에 대해서 소곤거리는 것을 들었다. 그날의 질문은 지역사회에서 최근 일어난 사건에 기초한 것이었다. 주말에 열기구 축제가 있었고 몇몇 열기구가 승객들을 태웠다. 질문은 '주말에 얼마나 많은 사람이 열기구를 타고 올라갔다고 생각하는가? 왜 그렇게 생각하는가?'였다. 이 연습 문제에 대한 자료는 아침 신문에 나온 것으로, 그 행사에 참석한 사람들의 수에 대한 추정치, 규모, 수용력 등에 대한 세부 사항들이었다. 그 질문에 대한 '정답'은 없었다. 이어지는 논의에서는 가설 생성, 추정, 일부의 계산, 논리, 토론 및 증거에 대한 주의 등이 포함되었다. 놀라운 것은 이 대부분이 수업 시간 전에 일어났다는 것이다. 복습은 매우 빨리 이루어졌다. 각 테이블의 보고하는 학생이 자신의 사고와 결론을 말했고, 교실 전체의 학생들은 논쟁의 질에 기초하여 가장 좋은 것에 투표했으며, 승리한 팀은 고개를 숙여 답했다.

그날 늦게, 나는 이 학생들과 함께 응용 컴퓨터 수업에 갔다. 학생 대부분은 스프레드시트 작업을 하면서 컴퓨터 앞에 앉아 데이터를 입력하고 다양한 이자율과 상환 기간에 따른 주택담보대출 상환액을 계산하고 있었다. 걸어 다니다가 대여섯 명의 학생으로 이루어진 한 그룹이 구석에 앉아 다른 일을 하고 있다는 것을 알아챘다. 그들은 프랑스어 교과서를 꺼내 놓고 있었고, 스프레드시트를 작성하지 않고 있는 것은 확실했다. 내가 다가갔을 때 그것을 확 치우지 않아서 놀라기도 했다. 대신 그들은 내가 있는 것을 잊은 듯 서로 프랑스어 단어 질문을 하면서 계속했다. 내가 그들에게 무엇을 하고 있는지 물었을 때 대답은 간단했다. "프랑스어 시험 준비를 위해서 공부하고 있어요."

그래서 내가 "그럼 주택담보대출 과제는 어떻게 하고?"라고 물었더니 한 매력적인 여학생이 "아, 우리는 방과 후에 할 거예요. 우리는 이 시간에 프랑스어 공부를 하기로 했어요."라고 대답했다. 그리고 옆에서 열심히 공부하고 있는 친구들한테서 내 팔을 잡아 빼면서 자신의 선생님들은 선택을 존중한다고 설명했다. 학년 초에 교사는 학생들에게 인생은 모두 선택이라고 말했다. "학교 밖에서 사람들은 너희에게 매 순간 무엇을 하라고 말해 주지 않아. 종을 울려서 하던 것을 멈추고 이제 다른 것을 하라고 하지 않아."라고 말했다. 따라서 학생들에게 기대되는 것은 선택을 하는 것, 그리고 그 결과를 받아들이면서 사는 것이었다. 교사는 한 학기 동안 네 과목의 교과 교육과정에 대해서 이야기했고, 한 학기 동안 그들이 해야 할 과제와 수업이 알아야 할 것을 배우는 데 어떠한 도움이 되는지를 보여 주었다. 그 기대가 교실 벽에 전시되어 있었다. 정규 시간표에 따라 수업이 계속되었다. 그렇지만 학생들은 그들이 언제 무엇을 했는지에 대한 자신의 선택에 책임이 있었다. 교사들은 모든 학생에게 시간을 관리할 수 있도록 수첩을 주었고, 학생들이 일정을 잡고 계획을 세우기 위해 수첩을 어떻게 사용하는지 결정하도록 도와주었다. 매일, 몇몇 학생은 그들의 계획과 진행 상황을 검토하고 수정하기 위해 담임 선생님을 만났다. 학생들은 학습을 하지 않았다 해도 벌을 받지 않았다. 교사는 그들에게 자신들의 결정에 책임이 있다는 것을 상기시켰다. 하지만 그들은 학업을 게을리하는 선택을 했고 그것에 따른 결과는 분명했다. 물론 그 결과가 결국 과목 이수 요건을 달성하지 못하는 것일 수도 있다. 하지만 기억해야 할 것은 여기는 학교라는 것이다.

그날 마지막에 교사들을 만나서 그 선택에 대한 문제를 제기했다. 그들에게 이것은 매우 명확했다. "그들이 (학교처럼) 한계가 있으면서도 안전한 환경에서 결정을 내리고 그 결정에 따라 해 보게 하는 것을 여기가 아니면 다른 어떤 곳에서 배울 수 있겠습니까?"라고 한 교사가 말했다. 다른 교사도 "물론입니다."라고 말하면서 다음과 같이 덧붙였다. "어떤 학생들은 자신의 학습에 책임감을 더 가지기를 원하지 않습니다. 그들은 과목에서 다루는 것들을 거부하고 수업 마칠 시간이 되거나 시험이 끝나면 기꺼이 버립니다. 하지만 그것은 충분하지 않습니다. 만약 학생이 저항한다면, 그가 무엇을 두려워하고 있는지 알아내고 그 학생이 작지만 도전을 해 볼 수 있게 그 학생에게 맞는 비계를 설정할 방법을 찾아야 합니다."

자기 모니터링과 자기 조정은 학생들을 세상에서 일어나는 예상하기 힘든 상황들에서 보호해 준다. 이 교사들은 학생들이 미래에 도움이 될 사고 습관을 계발하고 실천하는 것을 돕기로 결심했다.

더 생각해 보기

1. 여러분이 있는 스터디 그룹에서 어항 기법을 사용해 보라. 여러분 각자는 학생들의 자기성찰을 장려하기 위해 평가를 사용하는 방식에 대해 논의할 준비를 해야 한다. 나머지 분들은 비판적인 동료가 되어 그 이야기를 듣고 탐색 질문을 하고 건설적인 제안을 하라.
2. 교사가 (교사와 학생이) 진행 중인 학습에 대한 정보를 기록하고, 이를 이용하여 다음 학습 단계에 대한 정보를 제공할 수 있는 다양한 방법을 생각해 보라.

ASSESSMENT

최적의 학습을 위해서 평가에 접근하기

AS LEARNING

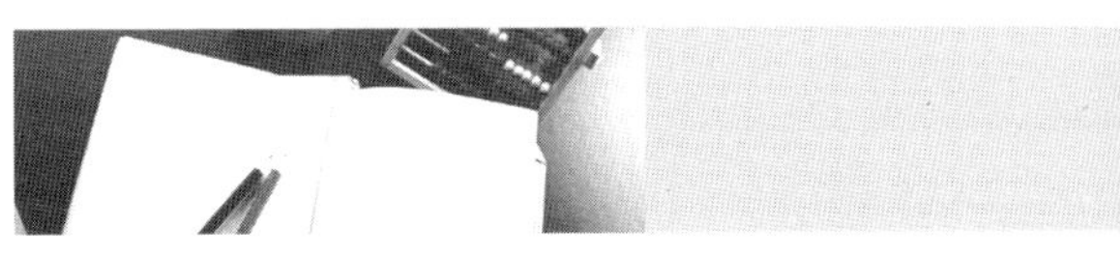

나는 이 책의 초판을 쓴 이후 내 시간의 대부분을 평가와 관련된 연구와 개발 작업을 하고 **학습을 위한 평가**와 **학습 과정으로서의 평가**에 대한 아이디어를 이론에서 실천과 정책으로 바꾸는 데 썼다. 내 입장은 10년 전처럼 가볍지 않다. 팝햄(Popham, 2009)이 말한 것처럼, 평가의 힘을 묵과하는 것은 직업적으로 무책임하다고 생각한다. 그는 이것을 다음과 같이 표현한다.

> 형성평가의 광범위한 사용을 지지하지 못한 우리의 직업적인 실패는 거짓이 아니라 진정으로 직업적으로 부도덕한 사례라고 생각한다. …… 학생이 배우면서 형성평가로 인해 얻게 되는 것은 '교육적 개입으로 얻는 것 중 가장 큰 것'이다. (Black & Wiliam, 1998, p. 61).
>
> 다시 말해서, 우리는 사소한 이득이 아닌 엄청난 개선을 보고 있는 것이다! ……
>
> 간단히 말해서, 교사가 하는 형성평가는 학생에게 유익하다. 그러면 우리가 전문적으로 책임 있는 방식으로 우리 학생들을 교육하고자 한다면, 더 많은 교사가 형성평가를 사용할 수 있도록 설득해야 한다. 만약 우리가 그렇게 하지 못한다면, 이는 적어도 전문

적이지 않은 생략의 오류를 저지르는 것이다. (pp. 4-5)

나는 교사들을 대상으로 평가에 대한 자신의 신념과 실천을 다시 생각해 보도록 하는데, 여전히 같은 접근을 취하지만 훨씬 더 긴박감을 느낀다. 평가는 제대로 하면 모든 학생의 학습을 변화시킬 힘을 가지고 있으며, 교사는 핵심적인 역할을 한다. 평가의 힘을 이해하고 평가 실천을 바꾸는 것은 교사 편에서 보면 힘든 새로운 학습이다. 왜냐하면 이 책에서 주창하는 변화는 교사의 현재 신념과 실천에 대한 근본적인 재고를 요구하기 때문이다. 하지만 결과는 그만한 가치가 있다.

교사는 학생들과 마찬가지로 자신이 가진 정신 모델을 살펴보고, 그들이 하는 실천에 대해서 다시 생각해 볼 필요가 있다. 또한 학생의 학습을 목표로 설정하고 이를 위해 증거와 논거를 바탕으로 결정을 내릴 수 있도록, 교사도 이해를 위한 학습이 필요하다. 교사의 암묵지는 개인의 사고 모델에 의해 받쳐지고 평생에 걸친 경험 속에서 습득 · 연마된다. 암묵적 지식을 시각화하고 토론할 수 있게 만드는 것은 정신 모델을 드러내고 검토하는 것을 의미한다. 센게(Senge, 1990)는 다음과 같이 기술했다.

> 정신 모델의 훈련은 거울을 내면으로 향하게 하는 것으로부터 시작한다. 우리가 세상에 대해서 가지고 있는 내부적인 그림을 밝혀내는 것을 배우고, 그것을 표면으로 올려 엄밀히 검토하는 것에서부터 시작한다. (p. 9)

> 새로운 전문지식에 진정으로 도달하는 것은 새로운 아이디어, 정보, 혹은 전략을 현재 지닌 정신 모델과 연결하는 것, 그리고 정신 모델이 소중하게 오랫동안 유지된 것일지라도 다시 생각해 볼 준비가 되어 있는 것을 포함한다. (Duffy, 2003)

> **가정**
>
> 교사에게 최우선하는 도덕적 목적은 학생의 요구가 자신이 선호하는 바와 상충하는 것일지라도 그것을 충족시켜 주는 것이다.

교사는 적응적인 전문가가 될 필요가 있다. 여러 교수, 학습, 평가 전략을 효율적으로 사용하는 것뿐 아니라, 일상적으로 해 오던 것이 충분하지 않을 때 혁신할 수 있고, 학생들의 배움이 일어나고 있지 않음을 알아차리고, 다음에 어느 쪽으로 갈지 알고, 학생들이 가치 있는 학습 목표를 향해 갈 수 있도록 돕기 위해서 전략과 자료들을 변형시킬 수 있는 상당한 수준의 유연성을 갖추어야 한다(Hattie, 2009).

교실 평가에 대한 신화와 현실을 꿰뚫는 것은 어려울 것이다. 평가는 결코 솔직하지도 합리적이지도 않고, (점수 체계와 성적표가 아무리 깔끔해 보여도) 심지어 매우 객관적이지도 않다. 그것은 평가받는 학생들, 학생들의 부모들, 그리고 종종 교사에게도 매우 개인적이고 감정적인 경험이다(Earl & LeMahieu, 1997). 특정한 종류의 보고를 요구하거나 학생 성적에 보상이나 제재를 가하는 주, 지역구, 학교 정책에 의해 강요받는다(Darling-Hammond, 1994). 그러나 이것이 평가가 가진 힘을 무시해야 할 이유가 되지는 않는다. 오히려 이것이 바로 평가가 왜 그렇게 중요한지, 평가를 바꾸는 것이 왜 가치 있는지에 대한 이유가 된다. 왜냐하면 평가는 학생들의 삶에서 중요하기 때문이다.

이 장의 나머지 부분에서는 교육자들이 이러한 미래를 준비하기 위해 할 수 있는 몇 가지를 살펴보고자 한다. 각각은 규범적이지도 않고 포괄적이지도 않다. 각각은 그 자체로 책이 될 수도 있다. 대신, 학교의 목적, 우리가 교육자로서 학교에서 하는 역할, 그리고 21세기를 살아갈 학생들을 위해 학교를 변화시키고자 할 때 우리가 직면하는 도전들에 대한 것이며, 이는 지속적인 전문성 향상을 위한 출발점이 된다.

이제는 학습 과정으로서의 평가를 시작해야 할 때

아마 내 긴박감은 우리가 모든 학생을 위한 학습에 큰 변화를 가져오는 것에 대해 충분히 이미 알고 있다는 깊은 신념에서 비롯된 것 같다. 이는 학습에 초점을 맞추는 것을 의미한다. 교육은 더 이상 선택이 아니며 모든 청소년에게 필수적이다. 이것은 임의의 사실에 근거한 교육을 완료했다는 수료증을 받는 것을 의미하지 않는다. 점점 더 복잡해지고 힘든 미래에 학생들에게 도움이 될 기초적인 학습과 학습 태도를 습득하는 것을 의미한다. 이는 학교 교육의 극적인 변화를 의미할 수도 있다. 적어도 모든 학생을 위해서, 모든 수업에서, 매일 학습을 최적화하는 것을 의미한다. 교사가 체계적인 지침 아래 일해야 하는 것은 분명하지만 교실에서 일상적으로 하는 일이 학습에 관한 것이라면, 교사는 평가에 대해 더 깊이 생각하고 의도적으로 평가를 바꾸어 교사와 학생들에게 배우고 있는 내용과 앞으로 학습을 더 빠르게 잘해 나갈 수 있을지에 대한 통찰을 얻을 수 있다. 평가를 어떻게 사용해야 할 것인가에 대한 구체적인 지침은 없다. 학습을 위한 기대가 평가를 안내하며 평가는 특정 지점에서 학생들의 이해를 발견하는 데 도움이 된다. 그들은 자신이 이미 하고 있는 것에 딱 맞는 아이디어를 찾지 못하거나, 불협화음이 생길 것을 우려하면서도 자신이 가르치고 평가하고 학습에 대해 학생들과 소통하는 방식에 변화를 만들어 내면서 에너지를 얻는다.

학습을 위한 평가에 개념적 변화가 필요하다

많은 교사가 자신은 형성평가를 한다고 말하지만, 그들이 하는 평가 실천이 형성평가가 힘을 발휘하게 하는 의도와 원칙을 항상 반영하지는 않는다. 현재의 실천을 이리저리 바꾸어 보는 것을 넘어서서 학습에

대한 전문성을 갖추려면 개념적 변화가 핵심적이다. 학습 과정으로서의 평가에 대한 이론은 교사들이 이전에 가지고 있던 평가의 목적에 대한 개념이나 심지어 교수 이론과도 상충될 수 있다. 자신이 평가와 교수에 대해 갖고 있는 암묵적인 지식과 신념을 다루는 자기 조절적 학습자가 되지 못하면, 교사는 피상적인 실천을 넘어설 수 없다. 이 책에서 말하는 평가에서의 변화는 실천상의 사소한 변화가 아니다. 학생들을 분류하는 것에서 학생을 위한 학습으로 초점을 이동시키게 하는, 학교에서 중요하게 여기는 것에 대한 사고에 근본적인 변화가 필요하다. 이러한 변화는 학교 교육의 목적, 그리고 학생이 어떻게 사고하고 학습하는지에 대한 정보를 수집하는 이유가 무엇인지에 대해 오랫동안 지켜 온 신념에 도전한다. **학습 과정으로서의 평가**는 평가에 대해 다르게 사고하게 하므로 많은 교사가 지금까지 실천해 오던 것 안에 녹여내기는 힘들 것이다.

여러분이 진실이라고 믿는 것에 대해 생각하라

이 책에서 말하는 평가에서의 변화는 우리의 사고에 극적인 변화를 요구한다. 기억하겠지만 우리 대부분이 학교 교육에 대해 가지고 있는 이미지와 신념체계는 학습과 교육에 대한 역사에서 비롯된다. 우리는 학교의 공장 모델과 **학습 결과에 대한 평가**가 지배하는 문화의 산물이다. 왓킨스, 카넬, 로지, 와그너, 월리(Watkins, Carnell, Lodge, Wagner, & Whalley, 2001)는 모든 사람은 어떤 영역이건 학습과 관련하여 인식과 역량의 지속적인 상태에 있다고 제안한다. 이들은 네 개의 가능한 상태를 설명한다(〈표 11-1〉 참조). 나는 이 매트릭스를 일상적으로 다시 보면서 현재 나의 학습이 어느 사분면에 있는지를 보는 것이 중요하다고 생각한다.

〈표 11-1〉 학습자가 지닐 수 있는 네 가지 상태

	특정 기능이나 지식을 습득해야 할 필요성을 인식하지 못함	특정 기능이나 지식을 습득해야 할 필요성을 인식하고 있음
특정 기능이나 지식에 대해 능력이 없음	나는 할 줄 모른다는 것을 모른다.	내가 할 줄 모른다는 것을 안다.
특정 기능이나 지식에 대해 능력을 갖추고 있음	나는 할 줄 아는데 어떻게 하고 있는지 모르겠다.	나는 할 줄 알고 어떻게 하고 있는지도 알고 있다.

출처: Watkins, Carnell, Lodge, Wagner, & Whalley (2001).

평가 실천을 바꾸는 데 전념한 교사들과 작업해 온 연구자들은 그들이 너무 뿌리 깊은 관행에서 벗어나는 데 어려움을 겪고 심지어 이전에는 이에 대해 의문을 가진 적도 없었음을 알게 된다. 이들은 형성평가를 하면서도 학생이 만든 결과물을 가지고 자신의 수업을 계획하고 수행이 이루어졌음을 인정하는 것에 사용한다(James & Pedder, 2006). 평가 데이터를 지속적으로 수집해서 학생들의 요구에 맞게 계획하고 '그때그때 봐 가며' 수업을 조정하고 학생의 자기 평가(self-assessment)를 촉진하는 과정과 거리가 멀다. 새로운 실천을 향한 첫 번째 단계는 (학습에서도 항상 적용되듯이) 자신이 가진 지속적인 신념을 인식하는 것이다.

교사가 교재나 다른 자료에 있는 내용을 '학습해야 할 것'으로 간주하고 그것을 학생들에게 전달하면서 학습이 일어났는가 아닌가를 판단한다면, 학교에서 변화가 많이 일어날 가능성은 적다. 제4장에서 설명한 것처럼 학습은 학생들에게 도전적이며 능동적인 과정이다.

학습에 대해 학습하기

학교가 학습을 위한 곳이라면, 교사가 학습에 대해서 아는 것은 의사가 해부학에 대해서 아는 것과 같다. 교사는 자신이 알아야 할 것은 다 알아야 한다. 하지만 해부학과는 달리 학습에 대해 엄청난 양의 새로운 지식이 있고, 앞으로도 더 많이 발견될 것이다. 정신이 어떻게 작용하는지 그리고 인간의 이 복잡한 학습 과정이 어떻게 이루어지는지를 우리가 완전히 이해하기까지는 아직 멀었다. 학습에 대해서 공부하는 것은 교사로서의 일을 하는 데 지속적으로 필요한 전문적 책임이라고 할 수 있다. 학습에 대한 이해 없이 가르치는 도구에 집중하는 것은 근시안적이다. 학습이 우선되어야 한다.

교과에 정통하라

학생의 학습을 안내하기 위해 평가를 사용하는 것은 교사 편에서 상당한 전문적 지식을 요한다. 자신이 가진 정신 모델에 교과의 새로운 지식을 업데이트하는 것뿐만 아니라(이 과정에서 오래된 지식은 폐기되기도 한다), 그 학문 분야에서 지식이 대체로 어떤 방식으로 발전되어 왔는지 깊이 있고 자세히 이해해야 한다. 어떤 피드백을 주어야 하는지 안다는 것은 오류의 원인을 이해하고 학습을 방해하는 오개념을 학생들이 대면할 수 있도록 하는 전략을 인식함을 의미한다. 영국의 국가 문해 및 수리 전략(National Literacy and Numeracy Strategies in England; Earl, Watson, & Torrance, 2002) 평가에서 가장 설득력 있고 놀라운 발견 중 하나는 교사의 얕은 교과 지식이었다. 이는 캘리포니아에서 코헨과 힐(Cohen & Hill, 2001)이 수행한 수학에서의 연구 결과와도 일치한다. 비록 교사가 그 과목에 정통해 있어도 자신이 어떻게 그것을 배웠는지에 대한 지식이 없거나, 다른 이들은 이것을 어떻게 배웠는지 혹은 배우는 과정에서 어려움을 겪었는지에 대한 지식이 없다. 교사는 적절한 때에 맞는 질문을 할 수 있어야 하고, 개념적 실수를 예측할 수 있어야 하며, 학생들이 다음 단계를 밟을 수 있도록 과제들을 준비해 놓고 있어야 한다. 이것은 교과에 대한 깊은 지식을 필요로 한다. 습지 사례에서 교사가 학생의 초기 언어 발달에 대해서, 학생들의 작업에서 학생들이 보일 만한 오개념과 혼동하는 것에 대해서 알았어야 하는 것이 무엇인지 상상해 보자. 학생의 글을 분석할 때 정답과 오답을 찾는 것이 아니었다. 그녀는 조나선이 사용하는 사고에 대한 증거(혹은 증거의 부재)를 찾고 있었다. 교사는 학생의 학습을 드러내어 개입하고 도와주고자 했다.

이것은 포켓 당구대 사례에서도 마찬가지이다. 교사가 대수적 표기와 논리의 기저에 있는 원리를 깊이 있고 유연하게 이해했기 때문에 모든 학생이 참여할 수 있으면서도 그들의 사고와 선개념에 대해 귀중한 정보를 주는 열린 과제를 고안할 수 있었다. 물론 그것에서 시작해서 교사는 학생 각자가 어려움에 빠지지 않게 하면서도 도전할 수 있는 개별 및 그룹 활동을 바로 이어 갔다.

따라서 여러분의 교과를 깊고 자세하게 아는 것은 매우 중요하다. 단지 내용뿐 아니라 관습적으로 사용되는 것, 구조, 조직자, 기저에 놓인 개념들, 표준적인 절차와 비표준적인 절차, 전형적인 오해와 오개념, 그리고 이 외에 그 교과를 현재의 교과로 만들어 주는 모든 것에 대해 익숙해야 한다.

전문적인 교사가 되라

교육학적으로 이해한다는 것은 자신이 가진 효과적인 교수 전략과 자원들을 이해, 학습, 그리고 내용 지식과 한데 모으는 것을 의미한다. 전문적인 교사들은 학습에 대해서 알고, 자신이 가르치는 과목에 대해서 알고, 교육학에 대한 깊은 지식을 가지고 있다. 교사는 이러한 분야에서의 지식을 교실 맥락에서 다양하게 나타나는 학생들의 다양한 강점과 약점, 가정 환경, 문화 경험, 발달 단계, 학습 양식 등에 끊임없이 적용한다. 전문적인 교사는 재즈 음악의 명인과 같다. 핵심적인 악구는 일정하게 유지하지만 함께 연주하는 다른 음악가들과 맥락에 따라서 다루는 방식, 변주, 꾸밈, 속도 등은 가변적이며 유연하게 이루어진다. 결과물은 예측 불가하며, 언제나 복합적이다. 그리고 매우 다양한 감상자의 영혼을 감동케 한다.

나는 운이 좋게도 그러한 교사를 정기적으로 관찰할 수 있었다. 인터뷰에서 그 교사는 내가 참관한 8학년 수업 단원을 다음과 같이 설명했다.

> 이 수업은 매우 음악적이다. 나는 학생들이 소설을 배우는 데 '두 도시 이야기'를 선택했다. 〈레미제라블(Les Miserables)〉을 보러 극장에 갔고 그것을 동영상으로도 시청했다. 이것이 우리를 사회 수업으로 이끌었다. 우리는 당시의 정치와 사회 구조에 초점을 맞추었다. 영국과 프랑스의 사법제도에 대해서 심도 있게 이야기했고, 그것들을 비교하며 왜 서로 달랐는지 짚어 보았다. 반의 각 모둠은 소설의 주요 주제 각각에 연결된 프로젝트를 하고 있다. 학생들은 정말 잘하고 있다. 한 모둠은 오페레타까지 쓰고 있다.

수업의 관찰자로서 나는 그가 이 단원을 가르치는 동안 개별 학생 및 모둠이 함께 작업하는 것을 보았다. 그들은 모두 다른 자료원을 사용해서 각기 다른 방식으로 자신들이 합의한 과제에 접근하고 있었다. 어떤 학생들은 학교 신문에 실을 〈레미제라블〉에 대한 비판적인 평론을 쓰고 있었다. 다른 학생들은 가난한 이들의 어려움에 대한 서사시를 작곡하고 있었다. 물론 오페레타는 진행 중이었다. 한 학생은 혼자 작업하기로 결정했는데, 이미 공부했던 영국 및 프랑스의 사법제도와 캐나다의 현 사법제도를 비교해서 어떤 부분은 지속되었는지(캐나다는 초기에 두 문화권에서 정착민들이 왔고 그 두 문화가 섞인 상태로 있음), 왜 그러한지 알아보기를 원했다.

이 학생들이 매우 다른 활동들에 참여하는 동안 지역 교육과정 문서에 제시된 학습 기대(expectations)가 교실 주변에 걸려 있었다. 포스터용 종이에는 학생들이 공부하고 있는 단원의 기대에 초점을 맞춘 방사형 조직자가 있었다. 학급 전체가 자신들이 어떠한 기대를 다루는지 그리고 그러한 기대에 도달하기 위해서 필수적으로 갖추어야 할 선행 지식과 기능이 무엇인지를 결정하는 데 참여했다. 마지막으로, 개별 학생 혹은 각 모둠은 화이트보드를 가지고 있었는데, 교사는 그 보드에 학생들이 단원에서 초점을 맞추고 있는 상세화된 기대를 적어 놓았다.

학생들은 몰두해서 바쁘게 작업했다. 교사(꽉 찬 교실 여기저기를 돌아다니고 있어서 찾기 어려울 때도 있다)는 학생들에게 '그 자리에서' 방향을 주거나, 질문하거나, 필요한 지원을 제공하거나, 학생들이 사용하면 좋을 가능한 자료원을 알려 주기도 하고, 학생의 사고를 자극하기도 하며 초점이 맞추어진 피드백을 제공하는 데 시간을 썼다. 쉬는 시간 종이 울리자, 학생들은 바로 해야 할 과제를 마칠 때까지 계속 작업했다. 쉬는 시간에서 돌아오자 바로 작업을 재개했다. 교사는 나와 함께 복도에 나와 벽에 걸려 있는, 학생들이 지난 단원에서 한 작업을 검토하고 있었다.

탐구 공동체에서 함께 연구하라

교사들 간의 협력은 한동안 효과적인 학교 운영과 학교 개선에 주요하게 기여하는 것으로 여겨졌다(Fullan & Hargreaves, 1992). 지난 10년 동안, 전문적 학습 공동체와 협력적인 탐구는 교육 변화와 전문적 학습을 위한 과정의 단단한 지지대가 되었다. 교사들 사이에서 평가와 학습은 자연스럽게 논의의 초점이 된다. 사실, 학교에서 교사들이 학습을 위한 평가와 학습 과정으로서의 평가를 사용하는 것에 진심으로 몰두하고, 시간이 지남에 따라 그리고 여러 학년에 걸쳐 학생 학습에 일관성과 체계성을 부여하고자 한다면, 함께 작업하고 결정하는 것이 매우 중요하다. 서로 대화하는 것은 교육과정에 대한 해석과 학생에 대한 기대를 공유하는 첫 단계가 되며, 교사들이 교과 내, 교과 간 연결성을 확인할 수 있게 해 준다. 교사는 자신이 맡은 학급의 한 학기 혹은 일 년을 위해서가 아니라 학생이 학교에 머무르는 전 기간을 생각하여, 학교에서 학생들과 함께 할 여행의 로드맵으로서 큰 그림을 만들어야 한다.

교사는 자신이 맡은 학생의 학습을 기술하는 것에 어려움을 느끼면서 자신이 판단하고 제안한 것에 대한 의구심을 느끼게 된다. 경력이 있는 교사들도 이러한 의구심을 가질 때가 있다. 그들은 자신에게 '내가 옳다고 얼마나 확신할 수 있을까?' '내가 이 학생에 대해 공정하고 정확하게 기술하고 있다는 것을 얼마나 확신할 수 있을까?'라는 질문을 던지기도 한다. 평가와 관련된 결정을 하는 데 있어서 자신감을 얻는 가장 강력한 방법 중 하나는 그것들을 공유하는 것이다. 여러 교과와 학년에 걸쳐 학생들을 위한 기대를 매핑(mapping)하는 힘든 과정을 거치고 있는 교사들과 일한 후에 그들 중 한 명으로부터 다음과 같은 편지를 받았다.

> 이번 주 학부모들과의 첫 번째 만남이 잘 이루어졌다는 것을 알려 드리려 편지를 씁니다. 우리는 홀에 걸어 놓은 차트를 학부모들에게 보여 주었고, 통합단원이 학기 중에 어떻게 진행되는지에 대해서 이야기했습니다. 이 단원 안에서 (철자 쓰기를 포함하여) 서로 다른 기능이 어떻게 다루어지는지 보여 주고 단원의 주제들에 대해서 그들이 흥미를 갖게 하는 것은 매우 기분 좋은 일이었습니다. 가장 좋았던 것은 우리 반 학생의 학부모와 만났을 때인데, 제가

> 권위를 가지고 이야기할 수 있는 기분이 들었습니다. 단지 나와 우리 반 아이들만의 이야기가 아니었습니다. 내 머릿속에서 우리 집단의 목소리를 들을 수 있었습니다.

교사가 학생들을 평가에 참여시킬 때, 목표로 삼은 학습에서의 일관성과 진보를 위해서도 학교 전체가 함께 움직여야 한다. 학생들이 여러 해에 걸쳐 그리고 여러 교과에 걸쳐 한 반에서 다른 반으로 이동하더라도 참여의 기회가 지속되어야 하며, 어떻게 학습 의도가 바뀌고 성장하고 점차 정교화되는지를 볼 수 있어야 한다. 그렇지 않으면 이와 같이 근본적인 문제에 대한 규칙이 변덕스럽게 바뀌는 시스템을 의심하고 혼란을 느끼게 될 것이다.

앨리슨 즈무다와 메리 토메이노(Allison Zmuda & Mary Tomaino, 2001)가 쓴『역량 있는 교실(Competent Classroom)』이라는 유쾌한 책에서 작가는 고등학교 교육과정, 기준, 평가를 일관되게 만드는 여정을 묘사한다. 이들은 함께 작업하며 서로에게 도전하면서 교사로서 기술을 연마하고 다듬었다. 평가 전략의 변화가 다른 모든 것에 영향을 미쳤다는 것을 발견했고 여러 가지를 조정해야 했다. 이 여정에서 교사들은 프로그램을 안내하는 핵심 질문을 논의하고, 교육과정의 목표를 핵심 질문과 연결하고, 내용 기준과 수업 목표를 개발하고 정련하고, 평가를 혼합하고, 실제로 프로젝트를 실행하고, 기준과 평가를 사용해서 학점을 산출했다. 계획 및 협력의 과정을 그 과정에서 겪은 어려움과 함께 생생하게 보여 주는 이 내용은 혼자 작업하기보다 함께 작업했을 때 더 좋은 결과를 낳는다는 것을 보여 주는 협력의 좋은 사례이다. 물론 이 협력의 내용은 학습 결과에 대한 평가, 학습을 위한 평가, 학습 과정으로서의 평가를 포함한다.

포기하지 말라, 그러나 자신에게 관대하라

교사들이 그들의 평가 관행을 바꾸려는 의지와 관심이 있다 하더라도, 이를 바꾸기가 생각만큼 쉽지 않다는 것을 알게 된다. 신념, 관행, 습관을 바꾸는 것은 어렵고 좌절감을 주기도 한다. 나는 이것을 자동차의 안전띠 사용에 비유한다. 내가 운전을 배울 때에는 안전띠를 매는 것이 의무사항이 아니었다. 나는 차에 올라타 시동을 걸고 어디로 가는지 확인하고 차를 몰고 떠나는 법을 배웠다. 안전띠가 의무사항이 되었을 때 새로 운전을 배우는 사람들은 차에 타서 안전띠 버클을 채우고, 그다음 시동을 건다. 지금까지도 나는 오래된 습관을 버리지 못하고 차를 빼면서 안전띠를 매려고 안간힘을 쓴다. 만약 내 차에 띠를 채우지 않으면 시동이 걸리지 않게 하는 메커니즘이 있었다면 나는 그것을 하고자 했을 것이다. 나는 분명 어떻게 하는지 알고 있지만 아마 여전히 처음 몇 주는 (몇 달까지 가지 않기를 바라며) 차를 탈 때 욕하고 예전에 하던 방식을 취했을 것이다. 이처럼 간단한 것도 이렇게 많은 에너지와 생각과 연습이 필요한데, 우리가 가르치는 방법을 바꾸는 것이 쉽다고 여길 수 있을까?

교사 전문성 개발의 영향을 다룬 많은 연구는 자신이 실천해 오던 것을 학생의 학습에 영향을 주는 방식으로 바꾸는 것이 얼마나 어려운지를 보여 준다(Timperley, Wilson, Barrar, & Fung, 2008). 실천을 바꾸는 것은 시간이 걸리고 노력이 필요하다. 평가가 학습에 기여하는 모든 방식을 이해할 시간과 새로운 기능 및 접근을 취해 보는 노력이 필요하다. 교사들은 완전히 새로운 방식의 교수법을 채택하고 이전에 자신이 알고 자신 있게 해왔던 것들을 버리거나 잊어야 한다는 가능성에 직면한다. 상당한 양의 연습과 실수를 허용해야 한다. 클래식 음악을 연주하는 바이올린 연주

> 사려 깊고 헌신적인 시민들이 세상을 바꿀 수 있음을 의심하지 말라. 사실 그것은 다른 방법으로 일어난 적이 없다.
>
> – 마거릿 미드 (Margaret Mead)

자가 재즈 바이올린을 위해 작곡된 새 곡을 접하면 다른 리듬과 셈여림을 익히기 위해 더 열심히 연습해야 할 것이다. 쇠라(Seurat)와 같은 예술가는 많은 시행착오와 기법의 개선을 통해서 점묘법을 개발했을 것이다. 많은 화가의 그림과 스케치는 전시회에 걸려 있지 않은 수많은 시도의 결과이다. 마찬가지로, 극장에서의 연극도 리허설의 기간을 거쳤고, 그 리허설은 배우들이 대사를 외우기 위해 상당한 시간을 몰두하고 다양한 전략을 적용한 결과물이다(Stoll, Fink, & Earl, 2002).

교사 역시 자기 조절 습관이 필요하다

효율적이고 평생에 걸친 학습은 연결을 만들어 내고, 새로운 아이디어를 추가하고, 이해를 조직하고 재조직하며, 궁극적으로는 자기 모니터링과 자기 교정 혹은 조정을 하는 것을 의미한다. 우리는 한 바퀴 돌아왔다. 제4장에서 다음과 같이 내가 말한 것을 보자.

> 배움이라는 것은 개인으로서 그리고 집단적으로 우리 존재의 핵심에 있다. 미래 세대가 예측할 수 없이 변화하는 세계에서 대응하고 살아남을 수 있는 비결이다. 그리고 아마 가장 중요한 것은 **우리는 배울 수 있는 것의 한계에 접근조차 하지 않았다는 것이다.**

교사를 위한 학습은 평가를 재고하는 데 있어서 근본적인 부분이다. 전문적 학습에 대한 최근의 책에서 팀퍼리(Timperley, 2011)는 이를 다음과 같이 명확히 밝혔다.

> 전문적인 학습은 학습 그리고 웰빙을 위해 학생의 참여가 효과적으로 이루어질 수 있게 하는 것을 체계적으로 탐구하는 능동적

> 인 과정이다. 그리고 이 과정을 통해 자기 조절적인 학습자가 된다. 이 탐구 과정은 학생의 학습을 촉진하는 데 효과적인 것으로 밝혀진 형성평가 실천과 많은 유사점을 가지고 있다. 동일한 과정이 교사의 학습을 촉진하는 데에도 적용될 수 있다. 주요한 차이점이라고 한다면, 교사는 자신이 학습한 것을 자신과 학생 모두에게 관련지어 보아야 한다는 것이다. 교사는 자신과 학생에 대해서 목표를 파악함으로써 학습의 틀을 잡고, 전문지식을 가진 이들과 파트너십을 구축하여 자신의 학습에 집중하면서 원하는 목표를 달성한다. 그리고 진보에 대한 정보를 생성하여 자신의 학습을 모니터하고 조정한다. (p. 7).

학생에게 최적의 학습을 위해 평가를 사용하는 것은 성장, 변화, 모니터링의 과정이면서 학생과 함께 교사에게 있어 더 많은 변화를 만드는 과정이다. 우리는 학생들에게 용감해지고, 위험을 감수하고, 더 많이 더 잘 배울 것을 요구한다. 우리도 같은 도전에 직면한다. 교사는 자신의 학습을 이해하고 학습 습관을 내면화할 필요가 있다. 이것은 학생들에게 교사도 학습자라는 것을 보여 주는 것을 의미하며, 학습에 대해 깊이 탐구하고자 하는 의지가 있다는 것, 즉 무엇이 학습 동기를 부여하고 영향을 미치는지, 무엇이 이것을 방해하는지 그리고 그 학습의 곡선에 있는 것이 어떠한 느낌인지를 보여 주는 것을 의미한다.

> 교사들에게는 학교에 가는 것이 가르치기 위해서만큼 배우기 위해서 가는 것이 되어야 한다. 그들은 매일 배우고, 수업을 계획하고, 학생의 작업을 비평하고, 학습 팀의 일원으로서 개선을 지원하는 시간이 있어야 한다. …… 교직원 교육은 학교에서 지정한 특정한 날에만 하는 것이 아니다. 모든 교육자가 매일 하는 작업의 일부여야 한다.
>
> – 허쉬
> (Hirsch, 2001)

자신이 해 온 관행을 바꾸는 길을 잘 가는 교사들조차도 이 과정에는 끝이 없다는 것을 알게 될 것이다. 새로움과 열의의 첫 설렘 후에 어떻게 에너지, 신선함, 아이디어, 무엇보다 학생을 학습에 참여시키는 것, 그리고 그것에 대한 애정을 유지할 수 있을까? 교육을 바꾼다는 것은 마이클 풀런(Michael Fullan, 1991)이 수년 전 우리에게 말했듯이 "사건이 아닌 과정이다"(p. 34).

필요한 도움을 구하라

평가에 대해 새롭게 배우는 것은 그저 좋은 아이디어에 그치는 것이 아니라, 학교에서 이루어지는 평가의 역할과 힘을 바꾸는 데 필수적인 요소가 된다. 평가는 교사 연수에서 소홀히 되고 정책 토론에서 회피되어 온 분야이다. 분명 어려운 문제들도 많고 배워야 할 것도 많을 것이다. **학습을 위한 평가**와 **학습 과정으로서의 평가**를 사용하는 역량과 자신감은 삼투 현상처럼 교사들에게 스며드는 기술이나 기질이 아니다. 반면, 내가 제안하는 것을 교사들이 이해하지 못하고 내면화하지 못할 것은 없다. 불행하게도, 학습 곡선은 상당히 가파르고 시간은 짧다. 최선의 시나리오는 정책 입안자, 대학, 학교구, 교장, 교사 모두가 교사를 지원하는 역할을 하는 것이다. 더 가능성이 높은 시나리오는 교사와 관리자가 학습을 책임지고 필요한 것을 위해 영향력을 행사하는 것이다.

유의미한 변화를 만들어 내라

평가와 교수에 이러한 변화를 만드는 것은 모두 교사와 학교의 권한 안에 있다. 우리는 많은 국가의 여러 교실에서 이러한 모습을 본다. 캐나다 매니토바의 학교 개선에 대한 5년 연구(Earl & Lee, 1998)에서, 우리는 학교 전반에서 의미 있는 변화를 만들어 낸 학교 간에 패턴이 있음을 알아냈다. 이 패턴은 **절박감**(urgency), **에너지**(energy), **주도성**(agency) 그리고 **더 많은 에너지**(more energy)이다. 그때 이후로 우리는 여기에 **시너지**(synergy)를 더했다.

학교의 어떤 것이 교사가 자신들이 해 오던 방식을 바꾸어야 할 것 같은 **절박함**을 느끼도록 자극했다. 이러한 절박감은 **에너지**로 변환되었고 생산적인 행동으로 이어지거나 아니면 절망에 빠지게 만들게도 했다. 조건이 맞았을 때, 이러한 에너지의 폭발은 상승 나선형으로 이어졌고 **주도성**과 생산성이 향상되었다. 함께 일하면서 생긴 **시너지**가 교사들을 더욱 움직이게 했다. 이것은 제때 더 많은 에너지를 만들어 냈고, 이 순환은 계속되었다.

학교들은 절박감을 초래한 중대한 사건 혹은 행동에 대한 요구를 경험했을 때 주요한 변화를 위한 계획에 착수했다. 그들에게 충격을 주어 변화가 반드시 그리고 빨리 일어나야 한다고 믿게 만드는 어떤 일이 일어났다. 교직원들(그리고 때때로 학생과 지역사회)은 그들이 행동하게 만드는 무엇인가를 경험했다. 어떤 학교의 공동 코디네이터(co-coordinator)는 **"우리는 깨달음을 얻었다."**와 같이 설명한다. 다른 사람들에게는 그 깨달음이 그리 극적인 것은 아니었다. 단지 무엇인가 잘못되어 가고 있다는 괴로운 감정일 뿐이었다. 종종 이러한 경험은 교사들이 세상을 보는 방식, 어쩌면 더 정확히는 세상과 관련하여 학교를 바라보는 방식에 대한 도전으로 이어졌다. 세상은 그들이 알았던 것과 달랐기에, 현재 상황을 유지하는 것이 더 이상 적절하지도 받아들여지지도 않았다. 교직원들은 자신의 세계관이 자신들이 이루고자 하는 것과 상충한다고 믿게 되었을 때 불협화음과 절박감을 경험했다. 절박감은 여러 방법으로 왔지만, 출처가 무엇이 되었건 간에 교직원들은 자신의 학교, 자기 자신, 그리고 학생들을 다른 렌즈로 보기 시작했다.

일단 학교가 바뀌어야 한다는 절박감을 느끼자 교직원들은 활기를 띠었다. 이들은 **에너지**와 창의력이 급증하는 것을 경험했다. 절박감에서 오는 에너지는 불안감을 불러일으키고, 학교가 대응할 수 없을 때 움직이지 못하게 하거나 행동을 촉진하는 자극제가 될 수도 있다. 종종 교사들은 자신이 필요하다고 느끼는 변화를 만드는 방법을 찾아야 했다. 그들은 지원을 찾거나 지원을 받을 수 있다는 것을 알게 되면, 자신들이 해야 할 것을 해내거나 필요로 하는 훈련을 받을 수 있는 능력에 자신감을 표현하고 **주도성**을 갖게 된다. 때로는 훈련을 받아서 자신감을 얻기도 했고, 그 반대의 경우도 있었다. 내부적으로 역량을 기르는 것과 전문성 개발을 통해서 역량을 기르는 것 모두 변화를 만드는 움직임을 지속하는 데 매우 중요했다. 어느 쪽이든 교사들은 몇 가지 다른 분야에서 성장을 경험했다. 이들은 지식과 기술을 증가시키고, 기질을 바꾸고 자기 자신 그리고 교육을 바꾸는 데 있어서 자신들의 역할에 대해 긍정적인 시각을 확립했다. 함께 일하는 것은 **시너지**를 만들어 냈고, 자신감이 커지고 전문적인 역량을 지속적으로 확장하고 강화했다. 생성된 모멘텀은 **더 많은 에너지**를 만들었고 이 과정은 계속되었다.

나에게 있어서, 더 많은 학생이 양질의 학습을 할 수 있도록 하는 것은 진정으로 절박함이 수반된 설득력 있는 아이디어이다. 나는 이것이 학교에서 행동을 일으키는 에너지를 방출할 자극제가 될 수 있다고 본다. 교사와 관리자는 함께 일함으로써 그리고 공동의 결정과 공유된 지식에서 나오는 이 시너지를 이용하여 역량을 강화하는 자원을 찾고 주도성을 만들어 낼 수 있다. 그리고 이 학교들은 안에서 밖으로 교육을 변화시키는 여정에 작은 걸음을 밟아 나갈 것이다.

> 우리는 교사들에게 호화 여객선을 타고 그들이 한 번도 가 본 적 없고 집에 있는 것보다 낫다고 생각하지도 않는 곳으로 가라고 끊임없이 요구한다. 그리고 왜 그들이 저항하는지 모르겠다고 의아해한다. 우리의 경험에 비추어 볼 때 교사들은 자신들이 어디로 가는지에 대한 이미지를 가지고 있으면, 할 수 있는 어떤 방식으로든, 그것이 노를 저어 가는 카누라 할지라도, 그곳에 갈 것이다.
>
> – 얼(Earl, 1999)

참고문헌

Arter, J., & McTighe, J. (2001). *Scoring rubrics in the classroom: Using performance criteria for assessing and improving student performance*. Thousand Oaks, CA: Corwin.

Assessment Reform Group. (1999). *Assessment for learning: Beyond the black box*. Cambridge, UK: University of Cambridge School of Education.

ATCS. (2012). What are 21st century skills? Retrieved from, http://atc21s.org/index.php/about/what-are-21st-century-skills/.

Beare, H. (2001). *Creating the future school*. London, England: Routledge.

Berliner, D. (2006). Our impoverished view of educational reform. *Teachers College Record, 108*(6), 949-995.

Biggs, J. B., & Collis, K. F. (1982). *Evaluating the quality of learning: The SOLO taxonomy*. New York, NY: Academic Press.

Biggs, J. B., & Moore, P. J. (1993). *The process of learning* (3rd ed.). Englewood Cliffs, NJ: Prentice Hall.

Black, P. (1998). *Testing: Friend or foe? Theory and practice of assessment and testing*. London, England: Falmer.

Black, P., Harrison, C., Lee, C., Marshall, B., & Wiliam, D. (2003). *Assessment for learning: Putting it into practice*. Berkshire, England: Open University Press.

Black, P., & Wiliam, D. (1998). *Inside the black box: Raising standards through classroom assessment*. London, England: King's College School of Education.

Bloom, B., Hastings, J., & Madaus, G. (1971). *Formative and summative evaluation of student learning*. New York, NY: McGraw-Hill.

Bransford, J. D., Brown, A. L., & Cocking, R. R. (2000). *How people learn: Brain, mind, experience, and school*. Washington, DC: National Academy Press.

Broadfoot, P. (1996). *Education, assessment and society*. Buckingham, UK: Open University Press.

Broadfoot, P. (2002). Assessment for lifelong learning: Challenges and choices. *Assessment in Education: Principles, Policy & Practice, 9*(1), 5-7.

Burke, K. (2011). *From standards to rubrics in six steps: Tools for assessing student learning*. Thousand Oaks, CA: Corwin.

Butler, D. L., & Winne, P. H. (1995). Feedback and self-regulated learning: A theoretical synthesis. *Review of Educational Research, 65*(3), 245-281.

Clark, I. (2012). Formative assessment: Assessment is for self-regulated learning. *Education Psychology Review, 24*, 205-249.

Clarke, S. (2001). *Unlocking formative assessment*. London, England: Hodder and Stoughton.

Cohen, D. K., & Hill, H. C. (2001). *Learning policy: When state education reform works*. New Haven, CT: Yale University Press.

Costa, A. (1989). Reassessing assessment. *Educational leadership, 46*(7), 2.

Costa, A. (1996). Prologue. In D. Hyerle (Ed.), *Visual tools for constructing knowledge*. Alexandria, VA: Association for Supervision and Curriculum Development.

Costa, A., & Kallick, B. (2000). *Activating and engaging habits of mind*. Alexandria, VA: Association for Supervision and Curriculum Development.

Crooks, T. (1988). The impact of classroom evaluation practices on students. *Review of Educational Research, 58*(4), 438–481.

Csikszentmihalyi, M. (1990). *Flow: The psychology of optimal experience*. New York, NY: Harper & Row.

Cuban, L. (1988). A fundamental puzzle of school reform. *Phi Delta Kappan, 70*(5), 341–344.

Darling-Hammond, L. (1992, November). Reframing the school reform agenda. *The School Administrator*, 22–27.

Darling-Hammond, L. (1994). Performance-based assessment and educational equity. *Harvard Educational Review, 64*(1), 5–30.

Duffy, F. M. (2003). I think, therefore I am resistant to change. *Journal of Staff Development, 24*(1), 30–36.

Earl, L. (1999). *The paradox of hope: Educating young adolescents* [Monograph]. Victoria, Australia: Incorporated Association of Registered Teachers of Victoria.

Earl, L. (2003). *Assessment as learning: Using classroom assessment to maximize student learning*. Thousand Oaks, CA: Corwin.

Earl, L., & Cousins, J. B. (1995). *Classroom assessment: Changing the face, facing the change*. Toronto, Canada: OPSTF.

Earl, L., & Katz, S. (2006). *Leading in a data rich world*. Thousand Oaks, CA: Corwin.

Earl, L., & Lee, L. (1998). *Evaluation of the Manitoba school improvement program*. Toronto, Canada: Walter and Duncan Gordon Foundation.

Earl, L., & LeMahieu, P. (1997). Rethinking assessment and accountability. In A. Hargreaves (Ed.), *ASCD 1997 yearbook: Rethinking educational change with heart and mind*. Alexandria, VA: Association for Supervision and Curriculum Development.

Earl, L., Watson, N., & Torrance, N. (2002). Front row seats: What we've learned from the national literacy and numeracy strategies in England. *Journal of Educational Change, 3*(1), 35–53.

Elmore, R. (2004). *School reform from the inside out: Policy, practice, and performance*. Cambridge, MA: Harvard Education Press.

Ertmer, P., & Newby, T. (1996). The expert learner: Strategic, self-regulated, and reflective. *Instructional Science, 24*, 1–24.

Firestone, W. A., Schorr, R. Y., & Monfils, L. F. (Eds.). (2004). *The ambiguity of teaching to the test*. Mahwah, NJ: Lawrence Erlbaum.

Fullan, M. (1991). *The new meaning of educational change*. Toronto, Canada: OISE Press.

Fullan, M. (2000). The return of large-scale reform. *Journal of Educational Change, 1*(2), 5–28.

Fullan, M. (2009). *All systems go: The change imperative for whole system reform*. Thousand Oaks, CA: Corwin.

Fullan, M., & Hargreaves, A. (1992). *What's worth fighting for in your school?* New York, NY: Teachers College Press.

Gardner, H. (1991). *The unschooled mind*. New York, NY: Basic Books.

Gipps, C. (1994). *Beyond testing: Towards a theory of educational assessment*. London, England: Falmer Press.

Gipps, C., McCallum, B., & Hargreaves, E. (2000). *What makes a good primary school teacher? Expert classroom strategies*. London, England: Routledge.

Goleman, D. (1995). *Emotional intelligence: Why it can matter more than IQ*. New York, NY: Bantam.

Gronlund, N. (2000). *How to write and use instructional objectives* (6th ed.). Englewood Cliffs, NJ: Prentice Hall.

Hakkarainen, K., Palonen, T., Paavola, S., & Lehtinen, E. (2004). *Communities of networked expertise: Professional and educational perspectives*. Amsterdam: Elsevier.

Haney, W. (Ed.). (1991). *We must take care: Fitting assessments to function*. Alexandria, VA: Association for Supervision and Curriculum Development.

Haney, W., Madaus, G., & Lyons, R. (1993). *The fractured marketplace for standardized testing*. Boston, MA: Kluwer.

Hargreaves, A., Earl, L., Moore, S., & Manning, S. (2001). *Learning to change: Teaching beyond subjects and standards*. San Francisco, CA: Jossey-Bass.

Hargreaves, A., Earl, L., & Ryan, J. (1996). *Schooling for change: Reinventing education for early adolescents*. London, England: Falmer.

Hattie, J. (2009). *Visible learning: A synthesis of over 800 meta-analyses relating to achievement*. London, England: Routledge.

Hattie, J., & Timperley, H. (2007). The power of feedback. *Review of Educational Research, 77*(1), 81–112.

Hirsch, S. (2001). We're growing and changing. *Journal of Staff Development, 22*(3), 10–17.

Hynes, W. (1991). *The changing face of testing and assessment* [Critical Issues Report]. Arlington, VA: American Association of School Administrators.

James, M., McCormick, R., Black, P., Carmichael, P., Drummond, M.-J., Fox, A., MacBeath, J., Marshall, B., Pedder, D., Procter, R., Swaffield, S., Swann, J., & Wiliam, D. (2007). *Improving Learning How to Learn—*

Classrooms, Schools and Networks. Abingdon: Routledge.

James, M., & Pedder, D. (2006). Beyond method: Assessment and learning practices and values. *The Curriculum Journal, 17*, 109–138.

Jensen, E. (1998). *Teaching with the brain in mind*. Alexandria, VA: Association for Supervision and Curriculum Development.

Katz, S. (1999). Substituting the symbol for the experience: Exposing a fallacy in mathematics education. *Journal of Mathematical Behavior, 17*(4), 405–410.

Katz, S., Earl, L., & Ben Jaafar, S. (2009). *Building and connecting learning communities: The power of networks for school improvement*. Thousand Oaks, CA: Corwin.

Klenowski, V. (2007). Assessment in education: Principles, policy & practice. *Assessment in Education: Principles, Policy & Practice, 14*(2), 269–274.

Leahy, S., Lyon, C., Thompson, M., & Wiliam, D. (2005). Classroom assessment: Minute-by-minute and day-by-day. *Educational Leadership, 63*(3), 18–24.

Lemann, N. (1999). *The big test: The secret history of the American meritocracy*. New York, NY: Farrar, Straus and Giroux.

Linn, M., & Songer, N. (1991). Cognitive and conceptual change in adolescence. *American Journal of Education, 99*(4), 379–417.

Linn, R. (2008). *Validation of uses and interpretations of state assessments. Technical issues in large-scale assessment*. The Council of Chief State School Officers.

Linn, R., & Gronlund, N. (2000). *Measurement and assessment in teaching* (8th ed.). Pearson.

Marzano, R. (2000). *Transforming classroom grading*. Alexandria, VA: Association for Supervision and Curriculum Development.

Marzano, R. (2006). *Assessment and grading that work*. Alexandria, VA: Association for Supervision and Curriculum Development.

Marzano, R., Brandt, R., Hughes, C., Jones, B., Presseisan, B., Rankin, S., & Suhor, C. (1988). *Dimensions of thinking: A framework for curriculum and instruction*. Alexandria, VA: Association for Supervision and Curriculum Development.

Marzano, R., Pickering, D., & McTighe, J. (1993). *Assessing student outcomes: Performance assessment using the dimensions of learning model*. Alexandria, VA: Association for Supervision and Curriculum Development.

Newmann, F. (1996). Linking restructuring to authentic student assessment. *Phi Delta Kappan, 73*(6), 458-463.

OECD. (2012). PISA 2009 Technical Report. Paris: Organization for Economic Cooperation and Development. Author.

Olsen, D. R., & Bruner, J. S. (1996). Folk psychology and folk pedagogy. In D. R. Olsen & N. Torrance (Eds.), *The handbook of education and human development*. Cambridge, MA: Basil Blackwell.

Perkins, D. (1992). *Smart schools: From training memories to educating minds*. New York, NY: Free Press.

Perkins, D., & Unger, C. (Eds.). (2000). *Teaching and learning for understanding*. Mahwah, NJ: Lawrence Erlbaum.

Pollard, A., & Filer, A. (1999). *The social world of children's learning*. London, England: Cassell.

Popham, J. (2001). *The truth about testing: An educator's call to action*. Alexandria, VA: ASCD.

Popham, J. (2002). Right task, wrong tool. *American School Board Journal, 189*(2), 18-22.

Popham, J. (2008). *Transformative assessment*. Alexandria, VA: Association for Supervision and Curriculum Development.

Popham, J. (2009). Our failure to use formative assessment: Immoral omission? Retrieved from, http://www.lesn.appstate.edu.

Popham, J. (2011, February). Formative assessment—A process, not a test. *Education Week*, Retrieved from, http://www.edweek.org/ew/articles/2011/02/23/21popham.h30.html.

Popham, W. J. (2008). Formative Assessment: Seven Stepping Stones to Success. *Principal Leadership, 9*(1), 16-20.

Sadler, R. (1989). Formative assessment and the design of instructional systems. *Instructional Science, 18*, 119-144.

Senge, P. (1990). *The fifth discipline: The art and practice of the learning organization*. New York, NY: Doubleday.

Shepard, L. (1989). Why we need better assessments. *Educational Leadership, 46*(7), 4-9.

Shepard, L. (2000, April). The role of assessment in a learning culture: Presidential address. Paper presented at the annual meeting of the American Education Research Association, New Orleans.

Simon, M., Ercikan, K., & Rousseau, M. (Eds.). (2012). *Improving large-scale education assessment: Theory, issues, and practice.* Taylor and Francis Group.

Stiggins, R. (1991). Assessment literacy. *Phi Delta Kappan, 72*(7), 534-539.

Stiggins, R. (1997). *Student-centered classroom assessment* (2nd ed.). Columbus, OH: Merrill.

Stiggins, R. (2001). *Student-involved classroom assessment* (3rd ed.). Upper Saddle River, NJ: Prentice Hall.

Stoll, L., Fink, D., & Earl, L. (2002). *It's about learning (and it's about time):*

What's in it for schools? London, England: Routledge Falmer.

Sutton, R. (1995). *Assessment for learning*. Salford, UK: RS.

Timperley, H., Wilson, A., Barrar, H., & Fung, I. (2008). *Teacher professional learning and development: Best evidence synthesis iteration*. Wellington: New Zealand Ministry of Education.

Timperley, H. (2011). *Realizing the power of professional learning*. London, England: Open University Press.

Volante, L. (Ed.). (2012). *School leadership in the context of standards-based reform*. Amsterdam: Springer.

Vosniadou, S. (2001). *How children learn*. The International Academy of Education and the International Bureau of Education. Retrieved from, http://unesdoc.unesco.org/images/0012/001254/125456e.pdf.

Vygotsky, L. S. (1978). *Mind in society: The development of the higher psychological processes*. Cambridge, MA: Harvard University Press.

Watkins, C., Carnell, E., Lodge, C., Wagner, P., & Whalley, C. (2001). Learning about learning: Staff development resources from NAPCE. Unpublished manuscript, London, England.

Weinstein, R. S. (1998). Promoting positive expectations in schooling. In N. M. Lambert & B. L. McCombs (Eds.), *How students learn: Reforming schools through learner-centered education*. Washington, DC: American Psychological Association.

Wiggins, G. (1993). *Assessing student performance*. San Francisco, CA: Jossey-Bass.

Wiggins, G. (1998). *Educative assessment: Designing assessments to inform and improve performance*. San Francisco, CA: Jossey-Bass.

Wiliam, D. (2006). Formative assessment: Getting the focus right. *Educational Assessment, 11*(3&4), 283-289.

Wiliam, D. (2011). *Embedded formative assessment*. Bloomington, IL: Solution Tree.

Wilson, R. (1996). *Assessing students in classrooms and schools*. Scarborough, UK: Allyn & Bacon.

Wolf, D., Bixby, J., Glenn, J., & Gardner, H. (1991). To use their minds well: Investigating new forms of student assessment. *Review of Research in Education, 17*, 31–74.

Young, S., & Wilson, R. (2000). *Assessment and learning: The ICE approach*. Winnipeg, MB: Portage & Main Press.

Zmuda, A., & Tomaino, M. (2001). *The competent classroom: Aligning high school curriculum, standards, and assessment—A creative teaching guide*. Washington, DC: National Education Association.

찾아보기

인명

내용

저자 소개

Lorna M. Earl

캐나다 토론토 대학교에 있는 온타리오 교육기관의 부교수로 은퇴했다. 대규모 학교구의 연구 책임자, 온타리오주 교육 질 관리와 책무성 관리청(Ontario Provincial Education Quality and Accountability Office)의 첫 책임자, 학교 효과성 및 학교 개선 국제 회의(International Congress of School Effectiveness and School Improvement: ICSEI)의 의장을 역임한 경험을 바탕으로, 그리고 연구자, 정책 입안자, 실무자들의 지속적인 지지로 30년 이상 학교 평가 연구에 몰두해 왔다. 그녀는 캐나다, 영국, 유럽, 미국, 호주 및 뉴질랜드에서 연구를 수행했고, 평가 아이디어를 국제적으로 적용하는 것에 관심이 있기에 다양한 맥락에서 경험할 수 있었다. 이를 통해 그녀는 많은 지역의 학교가 직면하고 있는 도전에 교육자와 정부가 고군분투하는 과정에서 나타나는 유사점과 차이점을 알게 되었다.

역자 소개

온정덕(Ohn Jungduk)

이화여자대학교 사범대학에서 초등교육전공(교육학 부전공)으로 학사학위를, 이화여자대학교 일반대학원 초등교육학과에서 교육과정전공으로 석사학위를 받았다. 서울반포초등학교와 명지초등학교에서 교사로 재직 후 미국 아이오와 대학교 대학원에서 교육과정전공으로 박사학위를 받았다. 미국 제임스 매디슨 대학교 사범대학 초등교육과에서 4년간 조교수를 한 후, 현재 경인교육대학교 교육학과 교수로 재직 중이다.

학부와 대학원에서 교육과정을 주제로 강의하고 있으며, 교육과정 설계, 통합교육과정, 교실 평가에 관해 연구하고 있다. 또한 국가 교육과정 개정 연구를 포함하여 여러 분야의 연구자들과 함께 교육과정 관련 연구에 참여하고 있으며, 교육청 · 학교에서 주관하는 현장 교사 대상 연수와 컨설팅을 하고 있다.

『이해중심 교육과정』(공저, 교육아카데미, 2011), 『역량 기반 교육과정의 이해와 설계』(공저, 교육아카데미, 2016), 『역량 함양을 위한 교육과정 설계: 이해를 위한 수업』(공저, 교육아카데미, 2017), 『교실 속으로 간 이해중심 교육과정: 이론과 실천이 만나다』(공저, 살림터, 2018), 『맞춤형 수업과 이해중심 교육과정의 통합』(공역, 학지사, 2012), 『백워드 단원 설계와 개발: 기본 모듈 II』(공역, 교육과학사, 2015), 『백워드로 시작하는 창의적인 학교교육과정 설계』(공역, 학지사, 2015), 『생각하는 교실을 위한 개념 기반 교육과정 및 수업』(공역, 학지사, 2019) 등 다수의 저서, 역서 및 연구 논문이 있다.

윤지영(Yoon Jiyoung)

부산교육대학교에서 학사학위를, 한국교원대학교 일반대학원 교육학과에서 교육심리전공으로 석사학위를 받았으며, 경인교육대학교 교육전문대학원에서 초등교육방법전공 박사과정을 수료했다. 현재 경기 시흥초등학교 교사로 근무하면서 교육과정 설계와 실천, 학습과 사고에 관해 연구하고 있다.

『생각하는 교실을 위한 개념 기반 교육과정 및 수업』(공역, 학지사, 2019), 「표적문제 변형의 유추추론을 통한 통찰 발생 가능성 검증」(공저, 영재와 영재교육, 2016), 「교과 역량 함양을 위한 교과서 단원 설계 방안 탐색」(공저, 미래교육학연구, 2017), 「외국의 사회과 교육과정 분석을 통한 역량기반 교육과정에서 기능의 의미와 설계 방식 고찰」(공저, 학습자중심교과교육연구, 2017), 「교과 교육과정 지식과 기능 영역의 의미와 설계 방식 고찰: 국어과 교육과정을 중심으로」(공저, 교육과정연구, 2021) 등 역서와 연구 논문을 발표했다.

학습 과정으로서의 평가:

교실 평가로 학습 극대화하기

Assessment as Learning:
Using Classroom Assessment to Maximize Student Learning (Second Edition)

2022년 6월 10일 1판 1쇄 인쇄
2022년 6월 20일 1판 1쇄 발행

지은이 • Lorna M. Earl
옮긴이 • 온정덕 · 윤지영
펴낸이 • 김진환
펴낸곳 • (주) 학지사
04031 서울특별시 마포구 양화로 15길 20 마인드월드빌딩
대표전화 • 02)330-5114 팩스 • 02)324-2345
등록번호 • 제313-2006-000265호

홈페이지 • http://www.hakjisa.co.kr
페이스북 • https://www.facebook.com/hakjisabook

ISBN 978-89-997-2671-2 93370

정가 15,000원